SÉRIE SUCESSO PROFISSIONAL

COMO IMPLANTAR O E-BUSINESS

STEVE SLEIGHT

PubliFolha

UM LIVRO DORLING KINDERSLEY
www.dk.com

© 2001 Dorling Kindersley Limited, Londres. "Moving to E-Business" foi publicado originalmente na Grã-Bretanha em 2001 pela Dorling Kindersley Limited, 9 Henrietta Street, Londres WC2E 8PS, Inglaterra

Texto © 2001 Steve Sleight

© 2001 Publifolha – Divisão de Publicações da Empresa Folha da Manhã S.A.

Todos os direitos reservados. Nenhuma parte desta publicação pode ser reproduzida, arquivada ou transmitida de nenhuma forma ou por nenhum meio sem permissão expressa e por escrito da Publifolha – Divisão de Publicações da Empresa Folha da Manhã S.A.

PUBLIFOLHA
Divisão de Publicações do Grupo Folha
Av. Dr. Vieira de Carvalho, 40, 11º andar, CEP 01210-010, São Paulo, SP. Tel.: (11) 3351-6341/6342/6343/6344.
Site: www.publifolha.com.br

Os leitores interessados em fazer sugestões podem escrever para Publifolha no endereço acima, enviar um fax para (11) 3351-6330 ou um e-mail para publifolha@publifolha.com.br

COORDENAÇÃO DE PROJETO
PUBLIFOLHA
ASSISTÊNCIA EDITORIAL: Lizandra Magon de Almeida, Fabricio Waltrick
COORDENAÇÃO DE PRODUÇÃO GRÁFICA: Marcio Soares
ASSISTÊNCIA DE PRODUÇÃO GRÁFICA: Soraia Pauli Scarpa

PRODUÇÃO EDITORIAL
EDITORA PÁGINA VIVA
TRADUÇÃO: Anna Quirino
CONSULTORIA: João Pedro Teles
EDIÇÃO: Ricardo Marques
ARTE: Sandra Tranjan
REVISÃO: Márcio Guimarães de Araujo, Olga Cafalcchio

DORLING KINDERSLEY
EDITORA DO PROJETO: Adele Hayward
EDITORA DE ARTE: Jamie Hanson
DESIGNER DE DTP: Julian Dams, Amanda Peers
PRODUÇÃO: Michelle Thomas
GERENTE EDITORIAL: Stephanie Jackson
DIRETOR DE ARTE: Nigel Duffield

Fotolitos fornecidos pela Publifolha
Impresso na Gráfica Círculo

SUMÁRIO

4 INTRODUÇÃO

PREPARATIVOS PARA O E-BUSINESS

6 DEFININDO O E-BUSINESS

8 PARA COMPREENDER O E-BUSINESS

10 COMO MIGRAR PARA O E-BUSINESS

12 COMO DESENVOLVER UMA ESTRATÉGIA DE E-BUSINESS

14 COMO CRIAR UMA BASE PARA O E-BUSINESS

16 COMO LIDAR COM MUDANÇAS CULTURAIS

Como Manter o Foco no Cliente

18 Cuidados com o Cliente

20 Satisfação das Necessidades do Cliente

22 Como Valorizar o Cliente

26 Aprenda com Experiências do E-Commerce

Como Desenvolver seu E-Business

28 Mudança sob Controle

32 Planejando o E-Business

34 Transformação da Empresa Atual

38 Para Compreender os Sistemas de Back-Office

40 Como Integrar Soluções de TI

44 Como Implantar Sistemas de CRM

46 Gerenciamento da Força de Vendas

48 Uma Terceirização Bem-Sucedida

50 Para Começar um E-Business

54 A Visão do E-Marketing

Aproximação com os Fornecedores

56 Cadeia de Suprimentos

58 Como Integrar a Cadeia de Suprimentos

60 Garantia de Atendimento

62 Implementação de Sistemas de SCM

66 Economize com o E-Procurement

68 Teste Suas Habilidades

70 Índice

72 Agradecimentos

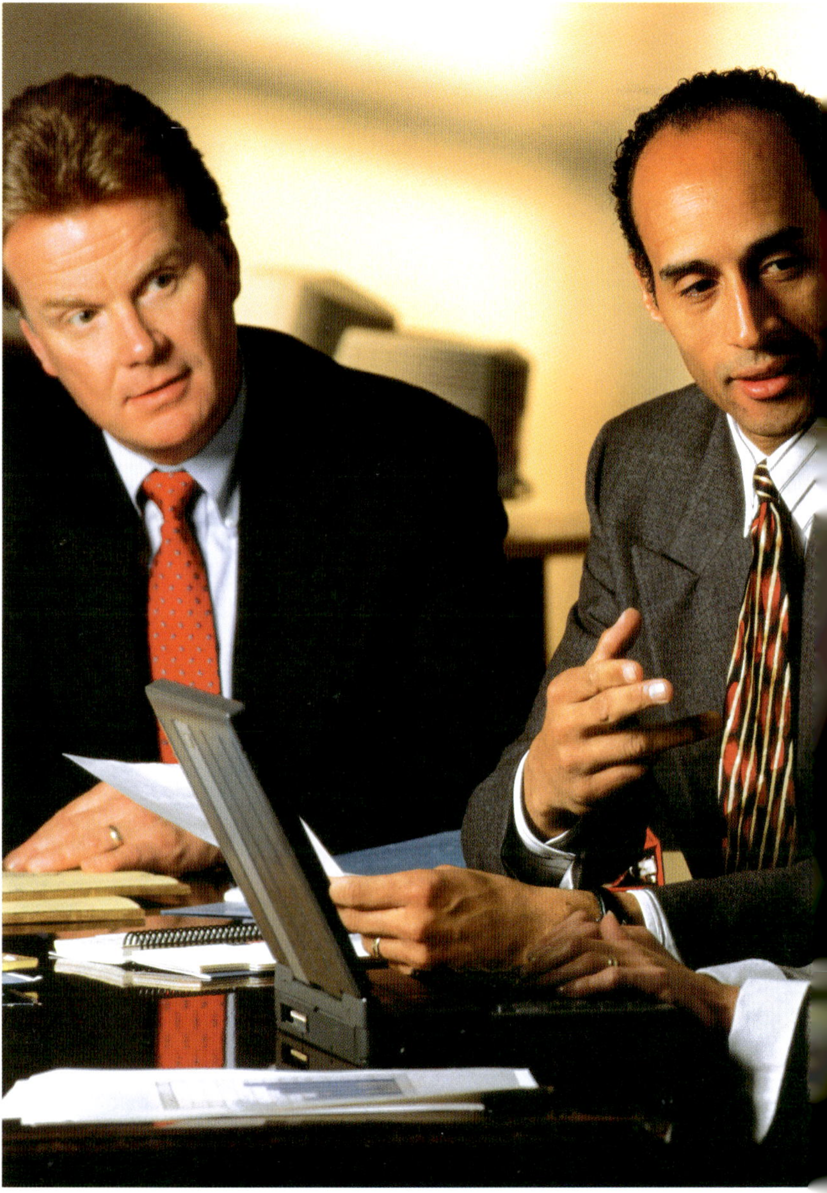

Introdução

Esse universo digital que se modifica rapidamente exige uma nova abordagem no modo como estruturamos nossos negócios e interagimos com os clientes. Os dirigentes têm de se preparar para dominar novas tecnologias e redefinir estratégias, de modo que suas empresas consigam se adaptar às contínuas mudanças. Em Como Implantar o E-Business, você verá como integrar seus sistemas aos dos seus parceiros comerciais, para que possa oferecer melhores produtos e serviços a seus clientes. A orientação prática, que inclui 101 dicas concisas, irá ajudá-lo a implementar seu e-business, e um teste de auto-avaliação no final do livro permitirá que você analise sua capacitação para o desafio. Ao implantar o e-business em sua empresa, este livro será uma inestimável fonte de referência e orientação.

Preparativos para o E-Business

O e-business trouxe mudanças fundamentais no modo como os negócios são organizados e implementados. Prepare sua empresa para esse desafio e estabeleça as bases do seu "negócio eletrônico".

Definindo o E-Business

O universo dos negócios não pára de ser transformado pela tecnologia da informação (TI). Perceba as implicações do e-business, conheça o potencial das novas tecnologias nas práticas comerciais e desafie os pressupostos estratégicos existentes.

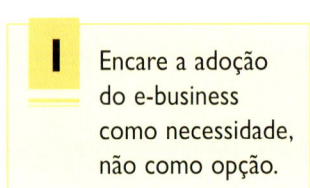

> **1** Encare a adoção do e-business como necessidade, não como opção.

Uma Estrutura de E-Business

- **REDES INTEGRADAS**
  Dados compartilhados pela empresa
- **MÚLTIPLOS CANAIS DE VENDAS**
  Canais de serviços integrados
- **VALORIZAÇÃO DO CLIENTE**
  Satisfação efetiva do cliente

O Que É E-Business?

E-business, ou "negócio eletrônico", descreve uma empresa que usa ao máximo o potencial da tecnologia da informação para modernizar suas operações, a fim de valorizar ao máximo o cliente. E-business não é o mesmo que e-commerce (comércio eletrônico), pois representa uma visão mais ampla do conceito de negócios virtuais. O e-business enfatiza a necessidade de oferecer ao cliente a mesma eficiência e valor em todos os canais de venda –e não apenas nos negócios on-line. Reveja sua estrutura e passe a integrar seu sistema num processo único e coeso.

Definindo o E-Business

Lembre-se

- O desenvolvimento da TI criou meios de atingir clientes globais.
- Estude as implicações de uma mudança para a estratégia de e-business.
- Sua estratégia deve criar novos mercados e conquistar clientes.

Observe as Estratégias

O e-business se apóia no desenvolvimento de novas estratégias de negócios baseados em redes. O mundo está cada vez mais interconectado por computadores e redes de comunicação, que permitem negociar com rapidez, flexibilidade e custo compatível. Descubra as oportunidades antes dos concorrentes e crie novas estratégias para aproveitar esse mundo em transformação.

Um Desafio a Velhos Pressupostos

Os modelos de negócios foram criados num mundo em que a empresa usava vias de mão única para se comunicar com os consumidores, a exemplo dos comerciais de televisão. A relação com o cliente era sentida, se tanto, pelas equipes de venda, ou, às vezes, por distribuidores, agentes e varejistas. Agora que as redes globais conseguem transmitir grande volume de dados, você pode deslocar sua ênfase para públicos específicos e segmentados, via mídia interativa, diretamente.

2 Duvide de seus antigos pressupostos.

3 Descubra como usar a tecnologia de maneira eficaz.

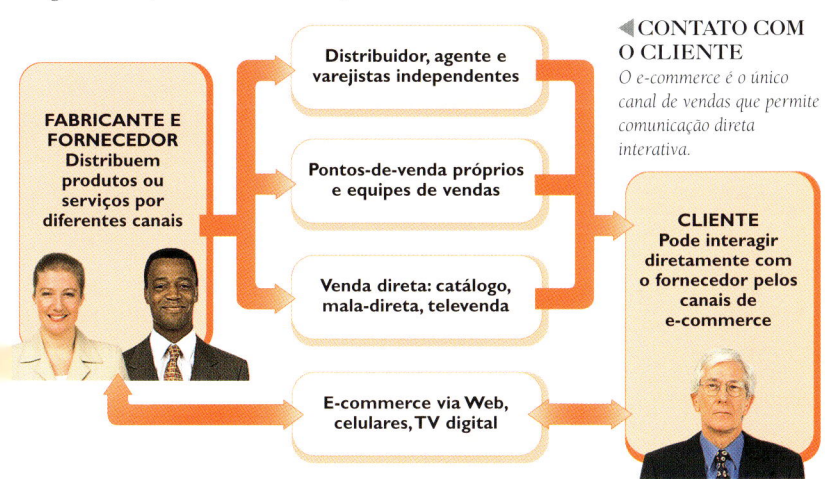

FABRICANTE E FORNECEDOR
Distribuem produtos ou serviços por diferentes canais

→ **Distribuidor, agente e varejistas independentes**

→ **Pontos-de-venda próprios e equipes de vendas**

→ **Venda direta: catálogo, mala-direta, televenda**

→ **E-commerce via Web, celulares, TV digital**

CLIENTE
Pode interagir diretamente com o fornecedor pelos canais de e-commerce

◀ **CONTATO COM O CLIENTE**
O e-commerce é o único canal de vendas que permite comunicação direta interativa.

Para Compreender o E-Business

Qualquer empresa que queira sobreviver no mundo dos negócios interconectado precisa adotar o e-business. Prepare-se para competir e ficar na vanguarda, de modo que seu negócio desbanque o dos concorrentes e preserve os clientes atuais.

4 Transforme o medo do futuro em confiança nas oportunidades.

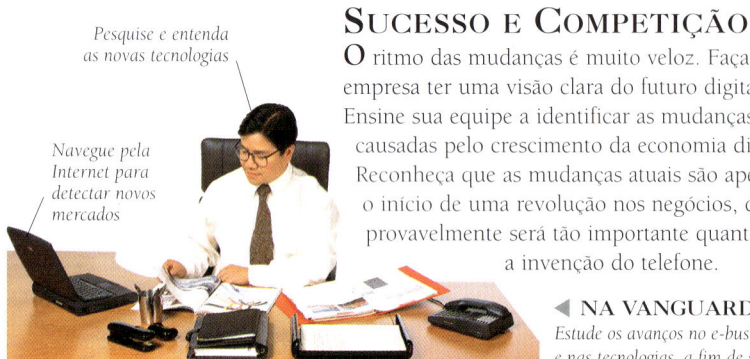

Pesquise e entenda as novas tecnologias

Navegue pela Internet para detectar novos mercados

Sucesso e Competição

O ritmo das mudanças é muito veloz. Faça sua empresa ter uma visão clara do futuro digital. Ensine sua equipe a identificar as mudanças causadas pelo crescimento da economia digital. Reconheça que as mudanças atuais são apenas o início de uma revolução nos negócios, que provavelmente será tão importante quanto a invenção do telefone.

◀ **NA VANGUARDA**
Estude os avanços no e-business e nas tecnologias, a fim de se capacitar para aproveitar o futuro.

Leve a Sério os Novos Concorrentes

Não se permita ser confiante no porte de sua empresa. Na mudança para o e-business, os recém-chegados costumam levar vantagem sobre concorrentes maiores e mais inflexíveis. Eles têm liberdade para implementar novos sistemas integrados de e-business. Trabalhe depressa para identificar e reforçar os pontos fortes de sua empresa e eliminar os pontos fracos. Evite que concorrentes mais rápidos ganhem de você.

Lembre-se

- Em geral, os concorrentes novos têm estruturas mais flexíveis e adaptam-se às mudanças com eficiência e rapidez.
- Negócios novos podem fazer seus processos partirem do zero para seguir os mercados digitais.
- Importante: mantenha-se receptivo a novos desafios e disposto a enfrentar o desconhecido.

Mantenha os Clientes

E-business significa saber controlar os sistemas da TI e redes rápidas para concentrar esforços na identificação e satisfação de necessidades e desejos dos clientes, que jamais tiveram tantas opções de produtos, serviços e fornecedores. Eles podem escolher redes digitais que oferecem acesso instantâneo às informações e assim comparar itens para decidir a compra. Seus concorrentes estão no mundo inteiro. A mensagem é clara. Ponha seus clientes em primeiro lugar para que eles permaneçam fiéis.

> **5** Lembre-se de que empresas de todos os portes concorrem com você no mundo inteiro.

Diferenças Culturais

Já que o e-business e a Internet cresceram primeiro nos Estados Unidos, a linguagem e a cultura do e-commerce e dos negócios eletrônicos foram dominadas pelo uso do inglês e dos valores comerciais ocidentais. Como isso está se difundindo muito, pense em como fazer sua comunicação eletrônica em idiomas e estilos culturais diferentes, para adequar sua abordagem a mercados e fornecedores de outros países.

Como Reconhecer Oportunidades e Riscos

Oportunidades	Riscos
Criar uma relação mais próxima com seus clientes.	Perder clientes para concorrentes recém-chegados ou mais ágeis em oferecer serviços mais eficientes.
Cortar custos provenientes de suprimentos, serviços e vendas ineficientes.	Achar que seus mercados desapareceram completamente, por exemplo, por causa das mudanças tecnológicas.
Receber diretamente o retorno e as informações da clientela.	Achar que a inércia ou a política interna impedem você de fazer as mudanças necessárias exigidas pela clientela.
Reconhecer novos nichos de mercado a partir das mudanças nas demandas do consumidor.	Tomar decisões erradas quanto a novas tecnologias e aumento de custos.
Reagir mais depressa e dar respostas melhores que as dos concorrentes.	Ficar paralisado pelo temor de não entender as mudanças e de decidir errado.

Como Migrar para o E-Business

A passagem para o e-business é um processo complexo. Exige a substituição dos processos atuais, a fim de acompanhar as novas estratégias de negócios. Reconheça o valor das mudanças no conhecimento e aprenda a tecnologia de base do e-business.

> **6** Identifique o estágio que você já atingiu no caminho para o e-business.

> **7** Ofereça ao mercado dados em tempo real.

> **8** Proponha-se a mudar e a partilhar informações.

Como Se Desenvolveu o E-Business?

O crescimento da Internet criou o e-commerce, logo que fornecedores e clientes perceberam vantagens em custo e tempo nas transações on-line. O rendimento aumentou quando os sistemas em rede aplicaram-se à cadeia de suprimentos. Com uma frente de vendas na Web, atualizada e em conexão (em tempo real) com os sistemas de informação de back-office, chegou-se ao maior desafio do e-business: oferecer ao público dados atualizados, em todos os canais de venda.

Valorização do Conhecimento

Com a crescente falta de diferenciais em características, qualidade ou preço, a capacidade de partilhar informações pode valer mais do que o próprio produto. A percepção de que na Internet a troca de informações é fácil e rápida modificou a cadeia de valor que cria produtos e serviços. Surgiu um nicho para o que os americanos chamam de *infomediaries*, ou informações intermediárias.

▲ **TROCA DE INFORMAÇÕES**
A tecnologia digital tornou possível a rápida troca de informações exatas e em tempo real, como ocorre no ritmo veloz desta torre de controle aéreo.

Como Migrar para o E-Business

Domínio da Tecnologia

A revolução nos negócios é impelida pela tecnologia. Novos aplicativos e novas redes de telecomunicação e TI possibilitaram uma comunicação global realmente interativa. Trabalhe sempre para continuar a par das tecnologias em evolução, a fim de tomar decisões estratégicas nesse mundo tecnológico. Faça disso um ponto fundamental de sua estratégia, para disseminar na empresa o conhecimento de tecnologias relevantes, por meio de treinamento contínuo.

Pergunte-se

- Procuro manter-me atualizado quanto às novas tecnologias, para criar estratégias eficazes?
- Prefiro confiar nos especialistas em TI, em vez de procurar aprender as novas tecnologias?
- Possuo uma equipe que de fato domina as tecnologias novas e em desenvolvimento?

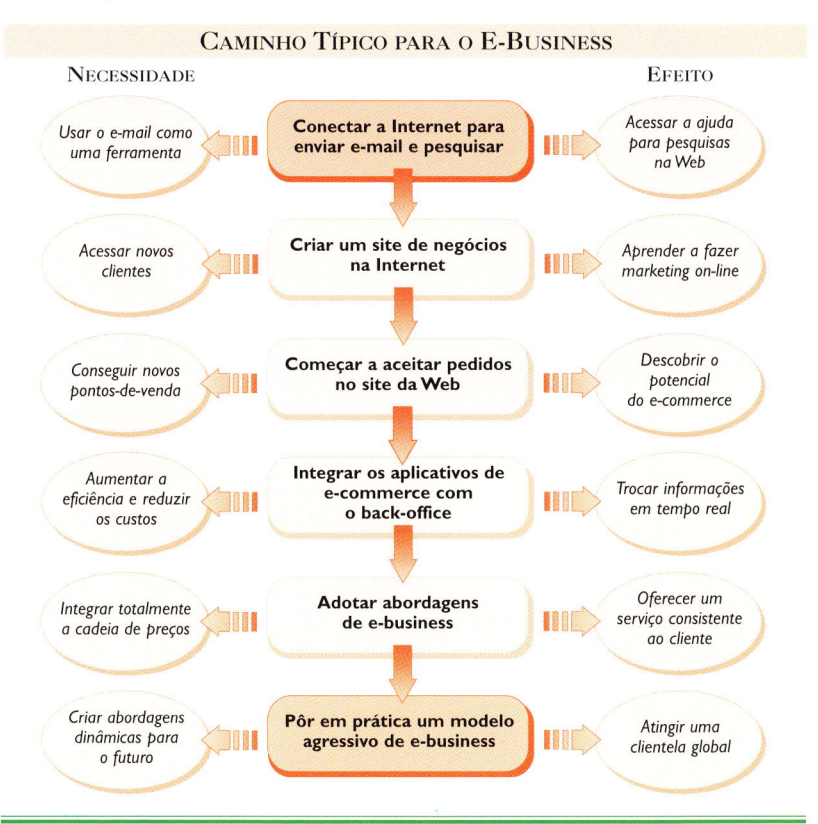

Caminho Típico para o E-Business

Necessidade		Efeito
Usar o e-mail como uma ferramenta	**Conectar a Internet para enviar e-mail e pesquisar**	Acessar a ajuda para pesquisas na Web
Acessar novos clientes	**Criar um site de negócios na Internet**	Aprender a fazer marketing on-line
Conseguir novos pontos-de-venda	**Começar a aceitar pedidos no site da Web**	Descobrir o potencial do e-commerce
Aumentar a eficiência e reduzir os custos	**Integrar os aplicativos de e-commerce com o back-office**	Trocar informações em tempo real
Integrar totalmente a cadeia de preços	**Adotar abordagens de e-business**	Oferecer um serviço consistente ao cliente
Criar abordagens dinâmicas para o futuro	**Pôr em prática um modelo agressivo de e-business**	Atingir uma clientela global

PREPARATIVOS PARA O E-BUSINESS

Como Desenvolver uma Estratégia de E-Business

Na economia digital, prepare-se para um futuro em mudança contínua. Repense sua visão do futuro, trabalhe ao lado de sua equipe, fornecedores e parceiros para incentivar a mudança e encarar a empresa do ponto de vista do cliente.

9 Questione suas atuais práticas e métodos empresariais.

Redefina Sua Visão

Observe os potenciais novos e futuros e redefina sua visão empresarial. No ambiente dos negócios globais, barreiras ao comércio e movimentos de capital estão se desintegrando depressa por causa das tecnologias digitais. Admita que cada vez mais os mercados podem ser atingidos eletronicamente, sem custos significativos ou barreiras de acesso. Note que você tem mais liberdade para explorar novas oportunidades (mas os concorrentes também têm).

10 Reflita: os atuais mercados para seus produtos ou serviços são potencialmente globais.

Trabalho Abrangente

A necessidade de partilhar e colaborar para definir estratégias futuras é um dos primeiros passos na mudança para o e-business. Envolva a equipe, os fornecedores, os parceiros e os clientes na redefinição da visão do futuro e na nova estratégia da sua empresa. Reflita sobre a troca de informações e, com os colegas, identifique os tipos de informação que devem ser partilhados para aprimorar a eficácia nas relações de trabalho.

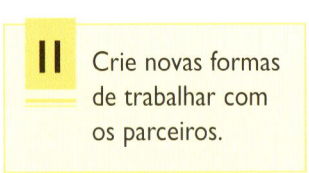

11 Crie novas formas de trabalhar com os parceiros.

▼ COMO MUDAR
Para obter sucesso na mudança, envolva equipe, parceiros e clientes, educando, estimulando e fortalecendo a relação, a fim de que eles participem ativamente.

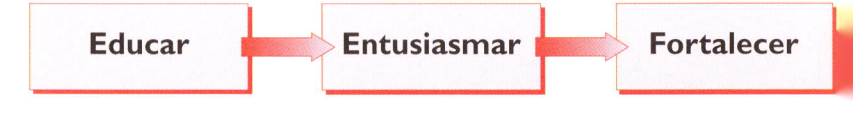

Educar → **Entusiasmar** → **Fortalecer**

COMO DESENVOLVER UMA ESTRATÉGIA DE E-BUSINESS

TRANSFORME-SE EM SEU PRÓPRIO CLIENTE

O e-business deve manter sempre o foco no cliente. A tecnologia e a estrutura empresarial vêm em seguida e são definidas por sua visão do valor que pretende conferir aos clientes. Comece por analisar as necessidades e os desejos atuais e futuros da clientela. Use o conhecimento que tem de seu mercado para avaliar como as expectativas dos clientes mudarão no futuro. Esse exercício pode lhe dizer mais coisas sobre seu negócio do que outras iniciativas muito mais onerosas.

COMO CRIAR A ESTRATÉGIA

- Mantenha o foco nos clientes e separe-os em grupos
- Identifique necessidades e desejos de cada grupo
- Defina o melhor processo para oferecer valor ao cliente
- Examine sua estrutura atual para identificar as mudanças necessárias

NECESSIDADES DOS CLIENTES ▼
Dê uma boa olhada na sua empresa, como se você fosse um cliente. Os serviços que mantêm a clientela satisfeita irão, em última análise, beneficiar seus negócios.

BENEFÍCIOS PARA O CLIENTE
- *Recebe serviço útil e rápido*
- *Passa a ter confiança na empresa*
- *Necessidades específicas são satisfeitas*

BENEFÍCIOS PARA A EMPRESA
- *Conquista clientes da concorrência*
- *Mantém a fidelidade do cliente*
- *Aumenta sua fatia de mercado*

CERTO E ERRADO

✓ Incentive ações para a troca de informações.

✓ Estimule a equipe e os colegas a pôr o cliente em primeiro lugar.

✗ Não esconda da equipe as informações "estratégicas".

✗ Não reforce atitudes hierárquicas em sua empresa.

12 Em todas as oportunidades, analise a estratégia dos concorrentes.

Preparativos para o E-Business

Como Criar uma Base para o E-Business

Seu e-business deve se apoiar numa base sólida de sistemas rápidos, flexíveis e integrados e em boas relações comerciais. Exponha sua visão para a equipe, crie parcerias estratégicas e assuma decisões importantes na área de tecnologia.

13 A mesma visão deve ser partilhada por toda a equipe administrativa.

14 Fortaleça as equipes para criar o e-business.

EQUIPE FORTALECIDA ▼
Crie uma equipe interessada em identificar e resolver problemas no desenvolvimento do e-business e em lutar pelos esforços de transformação.

Visão Compartilhada

Sua equipe pode ficar tão envolvida nas atuais tarefas diárias que sobra pouco tempo para se dedicar às mudanças de longo alcance exigidas para o e-business. Mas, já que a criação da estratégia de e-business é um processo complexo, é essencial que toda a administração e sua equipe entendam e aceitem a visão estratégica. Divulgue a estratégia de e-business por toda a empresa e fortaleça a equipe para que ela contribua para o processo de mudança.

O gerente de serviços ao cliente oferece apoio

O gerente de vendas apresenta a perspectiva de faturamento

O diretor administrativo preside a reunião

O gerente de TI expõe o ponto de vista técnico

O gerente comercial ordena as idéias

Como Criar uma Base para o E-Business

NA EMPRESA

- Recursos humanos
- Projeto e desenvolvimento de produto
- Serviços ao cliente
- Vendas e televendas
- Marketing de marca e produto

FORA DA EMPRESA

- Contabilidade e folha de pagamento
- Tecnologia da informação
- Produção
- Armazenamento e distribuição

CLIENTE

Estabeleça Parcerias

É importante constatar que não se pode ser bom em tudo. A terceirização vem crescendo com força, pois as empresas, para cortar custos, transferiram algumas contas para especialistas externos. As comunidades de empresas eletrônicas (CEEs) reúnem parceiros competentes, que colaboram para o surgimento de produtos e serviços excelentes para o mercado mundial. Faça e desfaça parcerias flexíveis sempre que o mercado exigir.

◀ **CRIAÇÃO DE PARCERIAS**
Empresas bem-sucedidas se concentram em suas competências básicas. Terceirizam para especialistas confiáveis funções que não vale a pena manter internamente.

Tomada de Decisões na Área de Tecnologia

A TI deixou de ser uma alavanca comercial rudimentar para se tornar o principal fio condutor da mudança. Perceba como a tecnologia afetará radicalmente toda a infra-estrutura de seu negócio. Se uma só empresa adotar o modelo de e-business em sua cadeia de valor, todos os parceiros devem segui-la, ou arriscam-se a ser substituídos por um concorrente mais bem-preparado. Recrute fontes internas e externas para apoiar as decisões e trazer especialistas para as áreas em que sua empresa não se destaca.

PASSO A PASSO

1. Identifique as competências básicas em que quer se concentrar.
2. Prepare-se para tomar decisões na área tecnológica.
3. Consulte especialistas internos e externos para definir áreas de seu sistema que precisam ser reavaliadas.
4. Arranje tempo para conhecer as tecnologias específicas de e-business.

Como Lidar com Mudanças Culturais

As mudanças exigidas pelo e-business não se limitam ao âmbito estratégico ou estrutural, pois quase sempre requerem mudanças na cultura da empresa. Valorize a manutenção de uma equipe de qualidade e dê treinamento e incentivos contínuos.

> **15** Ajude a equipe a entender as possibilidades de um futuro digital.

Espírito empreendedor
Independência
Iniciativa
Dinamismo
Flexibilidade

QUALIDADES DA BOA EQUIPE

Atenção ao Pessoal

Se a empresa vai enfrentar mudanças contínuas, precisará de pessoal preparado para agir com espírito empreendedor, assumir riscos e tomar iniciativas. Você e sua equipe devem ser flexíveis e capazes de reagir depressa para identificar novas oportunidades. Capacite a equipe para lidar com estratégia, tecnologia e processos a fim de valorizar ao máximo o cliente. Recrute quem atenda a esses requisitos.

Capacitação da Equipe

Dê a sua equipe a oportunidade de se capacitar para lidar com o ambiente de e-business. Ofereça treinamento interno de modo que todos tenham condições de assimilar as mudanças para o e-business. Procure parceria com uma empresa que forneça informações tecnológicas e treinamento prático de apoio. Verifique as credenciais da parceira e veja se ela conhece seu mercado e se pode se concentrar em mudanças que provocarão impacto na sua empresa.

▼ TREINAMENTO
Capacite seu pessoal para o impacto do e-business e dos mercados digitais, fornecendo-lhe as habilidades técnicas necessárias.

Consultora de TI faz treinamento individual com funcionário

O Valor dos Incentivos

Selecionar e manter uma equipe altamente qualificada deve ser prioridade. O e-business criou uma grande demanda por cargos técnicos e administrativos. Especialistas em tecnologia têm de enfrentar um desenvolvimento velocíssimo, e administradores lutam para transformar mercados voltados para a tecnologia em estratégias empresariais que geram dinheiro. Incentive a equipe e assegure-se de que ela sente que desempenha papel importante na empresa.

> **16** Estimule a equipe, mantenha-a bem informada e recompense seu feedback e suas boas idéias.

Diferenças Culturais

O tipo de incentivo para manter e motivar a equipe muda conforme o país e a empresa. Nos Estados Unidos o sucesso costuma ser muito bem recompensado, ao passo que no Japão espera-se dedicação sem estímulos extras. Na Europa, o modelo está se configurando numa tendência de aumentar a recompensa conforme se aprimora o desempenho.

Para Planejar os Incentivos da Equipe

Recompensa	Vantagem
Opção por Ações Ações como bônus ou a opção de comprá-las.	A equipe tem um estímulo concreto para buscar o sucesso da empresa e empenha-se nos resultados.
Bônus Vinculado ao Desempenho Pagamento isolado conforme o desempenho.	A equipe tem um incentivo para obter resultados excelentes e trabalha com dedicação e eficiência.
Treinamento Oportunidade constante de conhecer novas práticas.	A equipe estará mais habilitada e capacitada para lidar com os desafios da mudança rápida.
Condições Flexíveis de Trabalho Opção de trabalhar em casa e horário móvel.	A equipe se sente confiante, e a empresa pode manter o pessoal; caso contrário, correria o risco de perder para a concorrência.
Planos de Carreira Oportunidade de ser promovido na escala administrativa.	A equipe fica motivada a se sair bem, sabendo que bons resultados significam promoção.
Aumento Salarial Estrutura de aumentos para os salários-base.	A equipe sabe que o aperfeiçoamento de suas habilidades reflete-se na remuneração.

Como Manter o Foco no Cliente

"O cliente é rei" –essa é a regra número 1 do e-business. Concentre o foco na clientela e entenda suas necessidades, a fim de implantar os processos adequados nos serviços de atendimento.

Cuidados com o Cliente

Seu objetivo é oferecer um serviço excepcional aos clientes. Saiba que o consumidor tem muitas opções e procure criar sistemas que permitam relações individualizadas, colocando a qualidade do serviço acima da expectativa de venda.

17 Faça esforços para oferecer a melhor experiência possível ao cliente.

PASSO A PASSO

1. Observe os novos concorrentes.
2. Crie um meio de monitorar os atuais e os novos concorrentes.
3. Identifique necessidades e desejos dos clientes.
4. Deixe o cliente ter acesso às informações de que precisa.

Para Entender a Opção do Cliente

No tempo em que o cliente comprava só no centro comercial, por telefone ou por mala-direta, sua oportunidade de comparação direta de preços e características de produtos era limitada.
A Internet permite que consumidores ou empresas façam comparações com facilidade e efetuem suas compras de casa ou do escritório. Vários sites existem exclusivamente para permitir a compra comparada. Entenda que o poder está nas mãos do cliente e coloque as necessidades dele no centro da atenção de sua empresa.

CUIDADOS COM O CLIENTE

INTERNET
O conhecimento e o poder de compra do cliente cresceram muito

CENTRO COMERCIAL
O cliente compra de lojas varejistas e de distribuidores

TELEVENDAS
A compra do cliente é direta ou por intermediários

◀ A ESCOLHA DO CLIENTE
A Internet possibilitou o acesso a informações comparativas sobre produtos e serviços numa escala global, muito maior do que a oferecida pelo varejo, por mala-direta ou em televendas. Você aumentou o acesso aos clientes, mas a concorrência também o fez.

18 Esforce-se ao máximo para manter clientes valiosos.

Construa uma Relação Individual com o Cliente

Num panorama em que os consumidores têm tantas opções e no qual muitos produtos e serviços não se diferenciam em preço e qualidade, o cuidado com a clientela tornou-se um ponto-chave de diferenciação. Evite pensar nos clientes como um ou diversos grupos. Concentre-se em criar melhores relações com os clientes, formatando a comunicação com eles de acordo com as necessidades de cada um, separadamente.

LEMBRE-SE
- Os clientes esperam serviços personalizados.
- Os clientes devem ser tratados com base em suas necessidades.
- Conquistar um novo cliente pode custar tanto quanto manter um cliente já existente.
- Uma abordagem padronizada para as relações com todos os clientes nunca funciona.

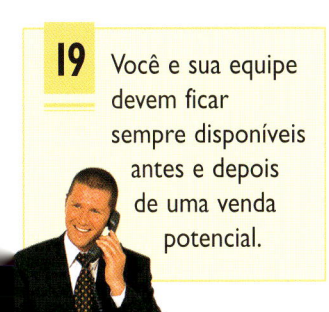

19 Você e sua equipe devem ficar sempre disponíveis antes e depois de uma venda potencial.

Serviço Pode Estimular as Vendas

Tradicionalmente, o serviço ao cliente começa depois da venda. Trate de oferecer esse serviço desde o primeiro contato com o cliente. Elimine a diferença entre venda e serviço e ofereça o melhor serviço contínuo. Atraia os clientes dando-lhes informações sobre o produto antes da venda e use o serviço de pós-venda para mantê-los e criar lealdade. Antecipe-se às necessidades do cliente oferecendo produtos e serviços relacionados.

SATISFAÇÃO DAS NECESSIDADES DO CLIENTE

A competição mudou as expectativas do cliente, e as tecnologias digitais modificaram suas experiências. Informe-se sobre o comportamento de seus "e-clientes" e respeite suas preocupações com a privacidade e a segurança.

20 Ofereça aos clientes um serviço mais rápido que o da concorrência.

21 Lembre-se: tempo é dinheiro – integre seus processos para obter eficiência máxima.

CONCENTRAÇÃO NAS DEMANDAS

Cada vez mais a clientela quer rapidez, qualidade e preços adequados. Integre os processos de busca, seleção, pedido e atendimento, para atingir a velocidade e a eficiência que o cliente exige. A capacidade de avaliar estoque e disponibilidade no momento do pedido e um sistema eficiente de embalagem e entrega são cruciais pra a manutenção de serviços rápidos e otimizados.

EVITE PROBLEMAS

O crescimento do e-commerce aumentou a demanda por detalhes pessoais do cliente. Muitas empresas fazem sites com o objetivo de reunir dados sobre clientes potenciais, assim que eles os acessam, por meio de mecanismos como formulários on-line. Cuidado ao apresentar esse pedido de informação. Evite perturbar o cliente potencial fazendo muitas perguntas, em especial se não houver benefícios aparentes para ele. Diminua eventuais preocupações, explicando claramente ao consumidor o uso que fará dos seus dados e garanta a consistência disso em todos os canais de contato com ele.

DIFERENÇAS CULTURAIS

A privacidade é tratada de modo diferente conforme a cultura, e leis de proteção aos dados variam bastante de um país para outro. Saiba que estará lidando potencialmente com clientes em diferentes sistemas legais e com expectativas culturais variadas. Assim, ajuste suas ações à realidade local.

SATISFAÇÃO DAS NECESSIDADES DO CLIENTE

CUIDE DA SEGURANÇA

Um ponto importante no e-commerce tem sido a questão da segurança on-line. O cliente deseja a velocidade e a flexibilidade das transações eletrônicas, mas também quer que seus dados não sejam acessados por terceiros. Uma falha no sistema de segurança pode causar rápida perda da clientela. Procure tranquilizar o cliente e implemente medidas de segurança eficazes.

PERGUNTE-SE

P Identifiquei algum ponto fraco no sistema de segurança de minha empresa?

P Procurei um consultor externo para checar o sistema de segurança e implementar as mudanças necessárias?

P Orientei minha equipe para evitar brechas na segurança?

Consultor ressalta itens de segurança

22 Deixe claros seus cuidados com a segurança.

23 Teste seu próprio sistema de segurança.

▲ **IMPLEMENTAR ITENS DE SEGURANÇA**
Em geral, o elemento humano é o elo mais fraco e ignorado do sistema de segurança empresarial. Busque um consultor externo para instruir a equipe sobre os procedimentos de segurança.

PARA GARANTIR SEGURANÇA AO CLIENTE

Muita gente está preocupada, e com razão, em manter a privacidade e a segurança. Ofereça aos clientes a oportunidade de decidir se você pode ou não passar os dados deles para terceiros e dê depoimentos claros sobre seus cuidados com a segurança.

❝ *É tão seguro fornecer dados on-line ao banco quanto ao vendedor na loja ou por telefone.* ❞

❝ *Reembolsaremos eventuais perdas provocadas por algum lapso em nosso sistema de segurança.* ❞

❝ *Temos a responsabilidade de proteger nossos clientes no caso de falha na segurança.* ❞

❝ *Jamais divulgaremos seus dados a outra empresa ou pessoa, a não ser com sua permissão.* ❞

COMO VALORIZAR O CLIENTE

É fundamental para o projeto de e-business redefinir os processos em termos do valor que é oferecido ao cliente. Integre seus serviços para manter o cliente sob controle e garantir que está passando a ele uma experiência satisfatória e individual.

24 Avalie toda a experiência que você passa para os seus clientes.

GARANTIA DE BOM SERVIÇO AO CLIENTE

A maioria das empresas se prende ao preço ou à qualidade de seus produtos ou serviços –o que não basta quando o cliente julga você com base na experiência total da negociação com a empresa. Ofereça ótimos produtos ou serviços, mas também garanta que a experiência de comprar com você é a melhor que ele pode receber. Elimine a perda de tempo, a propensão ao erro ou um atendimento sofrível. Pense sempre na experiência total e controle as expectativas, prometendo só aquilo que, com certeza, fará.

◀ **PARA MONITORAR O ATENDIMENTO**
Adote procedimentos para verificar se as exigências do cliente são atendidas. Aqui, um dispositivo eletrônico registra a entrega e envia a confirmação instantaneamente para o banco de dados.

CERTO E ERRADO

- ✓ Use o auto-serviço do cliente, se possível.
- ✓ Lembre-se de que o cliente encontra os produtos concorrentes com facilidade.
- ✓ Busque sempre padrões mais elevados.

- ✗ Não forneça prazos de entrega irreais.
- ✗ Não permita que um contato com o cliente transmita uma imagem de ineficiência.
- ✗ Não conte com a lealdade do cliente.

25 Confira e avalie sempre os produtos e serviços das outras empresas.

Como Valorizar o Cliente

Para Que o Cliente Se Sinta Único

Os clientes sempre se queixam de que muitas empresas os tratam como se não tivessem nenhuma importância. Eles querem ser vistos como indivíduos e obter serviços personalizados para suas necessidades específicas. Saiba o suficiente sobre cada cliente para poder tratá-lo de forma personalizada. Monte um retrato detalhado dele e permita que todas as áreas da empresa que entram em contato com ele possam acessar esses dados. Molde cada interação com o cliente às suas necessidades individuais.

> **26** Pergunte-se o quanto sabe sobre as necessidades de cada cliente.

▼ ACESSO ÀS INFORMAÇÕES
Todas as áreas da empresa que entram em contato com o cliente devem operar com um único banco de dados. Guarde um registro de cada contato com o cliente, seja qual for o canal utilizado.

O registro do cliente é feito no primeiro contato.

```
NOME Mariana Silva              REFERÊNCIA 25 0124 005
ENDEREÇO Rua Otoniel Quadros, 37 CEP 00001-100
São Paulo, SP                   CONTATO 11 0181-6172
```

O cliente ganha um número de referência para acelerar o acesso às informações

Cada contato subsequente é anotado no mesmo registro

```
17/02/00 - Cliente contatou o setor de vendas para perguntar
sobre a possibilidade de comprar livros por mala-direta.
18/02/00 - Cliente ligou e perguntou sobre o endereço do site
e os meios de pagamento que aceitamos.
21/02/00 - Cliente pediu três livros on-line.
22/02/00 - Entrega do pedido do cliente.
```

Todos os comentários do cliente ficam registrados

Integração de Serviços

Um bom projeto de e-business requer que você identifique em sua empresa todos os meios de contato com o consumidor e use a tecnologia para integrá-los, a fim de beneficiar a clientela. Essa tecnologia deve ser capaz de individualizar as experiências de vendas e serviços para cada um dos clientes. Expanda a integração para além de sua empresa e partilhe esses dados com seus parceiros fornecedores. Assim você conseguirá atingir o nível de serviço exigido pela clientela, que também quer prazo rápido de entrega.

PASSO A PASSO

1. Molde as oportunidades de vendas conforme o perfil de cada cliente.
2. Incentive a lealdade do cliente criando uma relação única, personalizada.
3. Descubra como integrar os parceiros fornecedores.

COMO MANTER O FOCO NO CLIENTE

SERVIÇO SIMPLIFICADO

Seja competente ao passar uma experiência sólida, de qualidade, independentemente da maneira como o cliente aborda a empresa. Simplifique as coisas para que ele consiga obter informações, comprar, verificar detalhes de entrega ou dispor de atendimento pós-venda, por meio de todos os potenciais canais de venda e de prestação de serviços. Integre todos os seus canais de serviços para que o cliente não perceba diferenças entre eles.

27 Leve a sério as reclamações do consumidor e use-as para melhorar seu serviço.

28 Crie serviços rápidos, úteis e precisos.

29 Teste o serviço que a concorrência oferece ao cliente.

PARA GARANTIR CONSISTÊNCIA

Os clientes se afastam de uma empresa quando os dados, as reclamações ou o histórico deles não estão na mão da pessoa com quem falam. Eles não entendem por que há diferenças no serviço prestado na Web, no ponto-de-venda ou pelo telefone. Troque o serviço fragmentado por uma abordagem confiável e consistente. Faça com que o cliente não tenha de explicar seu problema repetidas vezes para diversas pessoas da empresa.

LEMBRE-SE

- Todas as pessoas que fazem contato com o cliente devem ter acesso fácil à central de dados.
- O serviço ao cliente precisa ser consistente e confiável, em todos os canais de comunicação.
- A concorrência está trabalhando para conquistar seus clientes.

DADOS PARTILHADOS ▶

Neste exemplo, uma cliente pede a um vendedor de loja um produto que ela viu na Internet. A reação dele vai determinar o nível de satisfação da consumidora.

O produto não está disponível no ponto-de-venda do varejo

A cliente pede ao vendedor um produto anunciado no site da Internet

COMO VALORIZAR O CLIENTE

COMO TRANSFERIR O CONTROLE AO CLIENTE

Frustrados por um serviço fraco, clientes novos aproveitaram a oportunidade do auto-serviço oferecido pelo e-commerce. A possibilidade de encontrar informações e encomendar produtos e serviços dia e noite, sem precisar negociar com o pessoal de vendas, estimulou o e-commerce e modificou o caráter de empresas inteiras. Implemente o auto-serviço e beneficie-se dos custos mais baixos e da redução de erros causados por vários pontos de realimentação de dados.

30 Sua preocupação deve ser o contato com o cliente.

31 Beneficie-se da transferência do controle ao cliente.

A cliente satisfeita recebe o produto em 24 horas

O vendedor registra os detalhes do produto e processa o pedido

A cliente rastreia detalhes da entrega do produto, em casa, pela Internet

O vendedor não tem acesso ao banco de dados da Web

A cliente sai insatisfeita

Aprenda com Experiências do E-Commerce

O surgimento do e-commerce foi catalisado por soluções de TI, que tornaram viável a economia on-line, digital. Aprenda as lições do e-commerce e use a tecnologia da Internet em toda a empresa, para oferecer um serviço consistente.

32 Analise os sistemas de TI para ver se se integram aos de e-commerce.

LEMBRE-SE

1. Monitore o nível de rapidez e serviço em todos os seus canais de venda.
2. Faça uma análise crítica de sua capacidade de transmitir consistência ao cliente.
3. Crie processos empresariais sólidos e sistemas tecnológicos adaptáveis.

Como Aprender com o E-Commerce

O e-commerce abriu às empresas um futuro digital. O sistema ofereceu um meio imediato e global de partilhar informações e comprovou claramente que o cliente deve ser o foco do e-business. Pela utilização do e-commerce, os consumidores demonstraram que julgam as empresas com base em sua experiência total. Eles esperam que as organizações sempre reduzam os preços e ofereçam serviço rápido, preciso, personalizado e conveniente.

33 Analise como o universo digital afeta os clientes.

34 Veja se a equipe percebe a empresa como um todo.

CERTO E ERRADO

✓ Garanta que cada parte da empresa esteja concentrada no cliente.

✓ Estenda a tecnologia do e-commerce a toda a empresa.

✓ Lembre-se de que o cliente irá procurar outro fornecedor se não ficar satisfeito.

✗ Não permita que os pontos-de-venda tradicionais mantenham sistemas tecnológicos não-integrados.

✗ Não privilegie o ponto-de-venda virtual em detrimento dos outros.

✗ Não ignore suas metas-chave ao implantar sistemas de TI.

DADOS INTEGRADOS

A Web permitiu o desenvolvimento de sistemas em tempo real e em interação direta com o consumidor, o que confere imenso valor à clientela. Agora esses sistemas são essenciais para administrar a experiência do cliente, seja qual for o canal usado. Empenhe-se para que sua empresa mantenha on-line um banco de dados sobre clientes e produtos que possa ser acessado nas lojas, nas centrais de compras e pela equipe de vendas. Beneficie-se dos sistemas integrados

35 Disponibilize os dados do cliente a todos os canais.

36 Reveja sempre a eficiência de seu sistema de TI.

A equipe de televendas está em contato direto com o cliente e atualiza seus dados

O site na Web é monitorado continuamente e tem os dados atualizados

O vendedor da loja tem acesso fácil aos dados da empresa e dos clientes

A equipe de campo acessa dados sobre produtos, clientela e entrega, fazendo pedidos on-line

Uma empresa de e-business apresenta ao cliente uma interface totalmente integrada e cria satisfação e lealdade

LEMBRE-SE

- Deve-se julgar o desempenho pela maneira como se passa a experiência total do cliente.
- A todo momento tente melhorar a integração entre as diferentes áreas da empresa.
- De nada adianta ter um bom banco de dados on-line se o restante da empresa não estiver integrado de modo eficiente.

▲ **SISTEMAS INTEGRADOS**
Os clientes esperam que sua empresa lhes ofereça uma frente unificada e forneça serviço consistente, seja diretamente, seja via Internet, por telefone ou pela equipe de campo.

Como Desenvolver Seu E-Business

Adotar o e-business exige mudanças radicais na estratégia, nos processos e na cultura da empresa. Direcione seu desenvolvimento prático e trabalhe para integrar os sistemas.

Mudança sob Controle

A mudança para o e-business pede que sua equipe enfrente novos desafios. Mostre a necessidade de mudar, ofereça sistemas eficientes e treinamento contínuo e motive a equipe com bons incentivos para criar grupos com idéias avançadas.

> **37** Dê prioridade às mudanças exigidas por toda a organização.

▲ **BRAINSTORMING**
Pense em usar consultores externos em e-business para formar e entusiasmar a equipe com sessões de brainstorming.

Para Enfrentar Desafios

O mundo empresarial está passando por mudanças rápidas e contínuas. Darwin disse que não são os fortes que sobrevivem, mas os que se adaptam melhor às mudanças. Redescubra seu espírito empreendedor e prepare-se para destruir velhos modos de fazer as coisas e criar alternativas novas e dinâmicas. Ajuste constantemente o modelo empresarial, as estratégias e os processos operacionais, em resposta às mudanças do mercado e às necessidades do cliente. Crie novos modos de pensar nesse ambiente dinâmico, para que surjam comportamentos inovadores.

Priorize a Mudança

Toda empresa tem pontos fortes e fracos. É difícil ser ótimo em tudo, mas dá para tentar ofuscar os concorrentes em áreas restritas e específicas que agradam ao cliente. Redefina suas metas de acordo com os pontos fortes e os desejos dos clientes, antes de tornar prioritária a mudança. Concentre-se em um destes três itens, de acordo com seu nicho de mercado, suas capacidades básicas e o interesse de sua clientela:
- Crie um magnífico serviço ao cliente.
- Crie serviços e produtos de alta qualidade.
- Ofereça inovações irresistíveis e contínuas.

Agora priorize a mudança pela via que irá ajudá-lo a melhorar a área em que você se concentrou.

38 Reconheça seus pontos fortes e concentre neles suas energias.

39 Você e sua equipe precisam compartilhar as metas da empresa.

Como Tornar Prioritária a Mudança

Prioridade	Questões Empresariais	Foco na Mudança
Serviço • Personalizado • Proativo • Flexível	• Acesso instantâneo aos dados corretos do cliente. • Sistema de respostas flexível para superar a concorrência. • Foco na proposta de valor do cliente.	• Aperfeiçoar os canais de contato com o cliente. • Criar processos para cruzar dados funcionais dos clientes. • Montar infra-estrutura tecnológica adequada.
Processo • Eficiente • De baixo custo • Rápido	• Alocação eficiente de materiais e recursos. • Partilhar dados rápidos e corretos com fornecedores. • Monitorar processos para melhorar o serviço e baixar os custos.	• Aperfeiçoar fluxos internos de informação. • Criar uma estrutura processual completa. • Remover barreiras entre você e os fornecedores.
Inovação • Prevê tendências • Ouve os clientes • Cria novos produtos	• Administrar a mudança contínua e aceitar riscos. • Administrar fusões e aquisições para crescer. • Incentivar os empreendedores e as idéias de vanguarda.	• Criar uma infra-estrutura em rede forte e escalonável. • Organizar processos em torno das redes. • Integrar-se com fornecedores e parceiros.

COMO DESENVOLVER SEU E-BUSINESS

MULTIPLIQUE A MUDANÇA

Pouca gente gosta de mudanças, mas a transição para o e-business exige alterações profundas e contínuas tanto no modo como operamos quanto no jeito como pensamos em negócios. Ajude a equipe a entender bem a escala atual das mudanças globais nos negócios e mostre a todos as implicações na empresa. Comande a mudança e faça a equipe sentir-se diretamente envolvida no processo decisório e na implementação das transformações da empresa.

COMANDO DA MUDANÇA ▶
Atue como missionário nas novas estratégias empresariais e mostre que a mudança organizacional está sendo conduzida de cima, sempre aceitando sugestões de todos os níveis.

LEMBRE-SE

- A tecnologia é a criadora da mudança e o principal motor do conceito de e-business.
- Entender a tecnologia não é mais uma prerrogativa apenas do profissional de TI.
- A equipe deve compreender os conceitos por trás dos sistemas e tecnologias do e-business.
- Se a equipe perceber como a tecnologia reduz procedimentos repetitivos, é provável que aceite a mudança positivamente.
- Uma equipe deve ajudar a outra a aprender novas técnicas.

DIRETOR
- Os gerentes trabalham próximos do diretor sênior
- O diretor defende a implementação do e-business

GERENTE
- Levam-se em conta a visão e o input de parceiros e consultores externos
- O gerente apóia a equipe na adoção de conceitos de e-business
- O pessoal da linha de frente dá idéias e feedback

EQUIPE

ADOTE A TECNOLOGIA

Um e-business tem de se basear em tecnologia que aperfeiçoe e integre processos. O alvo é o fluxo de informações e o modo de valorizá-las. Concentre-se nas relações com clientes e parceiros e fique suscetível à contínua necessidade de mudança. Reconheça que a implementação da tecnologia está tão entrelaçada com a estratégia empresarial e a estrutura organizacional, e tão difícil de executar, que deve ser adotada por toda a equipe, e não apenas pela equipe de TI.

MUDANÇA SOB CONTROLE

40 Reconheça que a equipe é seu bem mais valioso.

PERGUNTE-SE

P Transmiti direto para a equipe a necessidade de transformação empresarial?

P Ofereci os meios necessários para treinamento contínuo?

P A equipe tem o apoio de que precisa para implementar mudanças no e-business?

P Mantenho a equipe informada sobre os novos processos e procedimentos?

O VALOR DO TREINAMENTO

É preciso sustentar a importância da mudança depois de ter conseguido entusiasmar a equipe. Se quiser gente dinâmica e empreendedora, forneça ao pessoal treinamento adequado. Acione um programa completo, eficiente e contínuo a fim de preparar você e sua equipe para as mudanças indispensáveis. Estimule o treinamento para si e para os colegas gerentes, a fim de entender as implicações empresariais do e-business, para trabalharem juntos na formulação de novas estratégias. Treine uma equipe operacional para aprender a lidar com novas tecnologias, pois esse pessoal estará usando os sistemas diariamente.

▼ **COMPREENSÃO DA TECNOLOGIA**
Transmita confiança à equipe quanto às novas tecnologias. Treine-se e treine o pessoal para entender e aprender novos sistemas, de modo que todos sejam capazes de avaliar as possibilidades dos modelos e das estratégias empresariais.

Assegure-se ➤ **Treine** ➤ **Avalie**

A EQUIPE PARCEIRA

Explicações e treinamento são essenciais para ajudar a equipe a se preparar para a mudança, mas também é preciso mostrar a ela como o e-business pode beneficiá-la diretamente. Adapte sua política salarial para fazer da equipe uma parceira na mudança. Use aplicativos em rede a fim de deixar o trabalho menos repetitivo e dar à equipe recursos on-line.

BENEFÍCIOS À EQUIPE ▶
Pense em oferecer acesso à Internet para as pessoas da equipe que não têm esse recurso em casa. Assim elas descobrirão os benefícios da tecnologia na vida pessoal.

Planejando o E-Business

Os métodos tradicionais de planejar para o futuro ficaram obsoletos no ambiente digital. Adote uma abordagem dinâmica e contínua para planejar e recorra ao feedback para adaptar os planos, assim que as condições do mercado mudarem.

41 Planejadores e implementadores devem ficar o mais próximo possível.

42 Prepare-se para descartar projetos em andamento se a direção da mudança se alterar.

Planejamento Analítico

Empresas tradicionais costumam usar o planejamento analítico para determinar prováveis resultados e desenvolver estratégias. O processo consiste em analisar dados históricos, talvez já obsoletos. Isso pode criar problemas de execução, como falta de metas claras ou incapacidade de usar o feedback para modificar as estratégias. Saiba que é improvável que essa abordagem dê bons resultados num ambiente de mudanças rápidas.

Planejamento Pragmático

Grandes empresas tendem a usar um planejamento pragmático, no qual a equipe operacional encontra soluções para necessidades novas e urgentes. Mas em estruturas hierarquizadas é muito lenta a comunicação entre o pessoal da linha de frente e quem toma decisões. Isso leva a projetos que atendem a necessidades atuais, em vez de se pensar em estratégias futuras. A seriedade no e-business exige que se adotem abordagens de planejamento mais dinâmicas.

43 Prepare-se para diversos progressos futuros e saiba como responder rapidamente a eles.

Previsões

Num ambiente empresarial estável, as previsões podem basear-se na avaliação do desempenho. Mas no dinâmico universo do e-business o desempenho já obtido pode ter pouquíssima relação com oportunidades futuras. Assim, procure criar o futuro, em vez de prevê-lo. Fixe os resultados que deseja e trabalhe de trás para a frente, a fim de descobrir que passos tem de dar para atingir sua meta.

USO DE PLANEJAMENTO DINÂMICO CONTÍNUO

O planejamento contínuo permite que ocorram modificações constantes, com base no feedback. Isso ajuda a afastar problemas que surgem no intervalo entre o planejamento e a implementação. Crie gatilhos que acionem ações planejadas quando fatores externos atingirem determinada medida. Concentre o planejamento no alinhamento estratégico de processos empresariais e na implementação de uma infra-estrutura em rede. Deixe a escolha dos aplicativos por conta dos departamentos que irão usá-los.

44 Use o feedback para planejar estratégias eficazes.

45 Continue a planejar com eficácia mesmo num ambiente volátil.

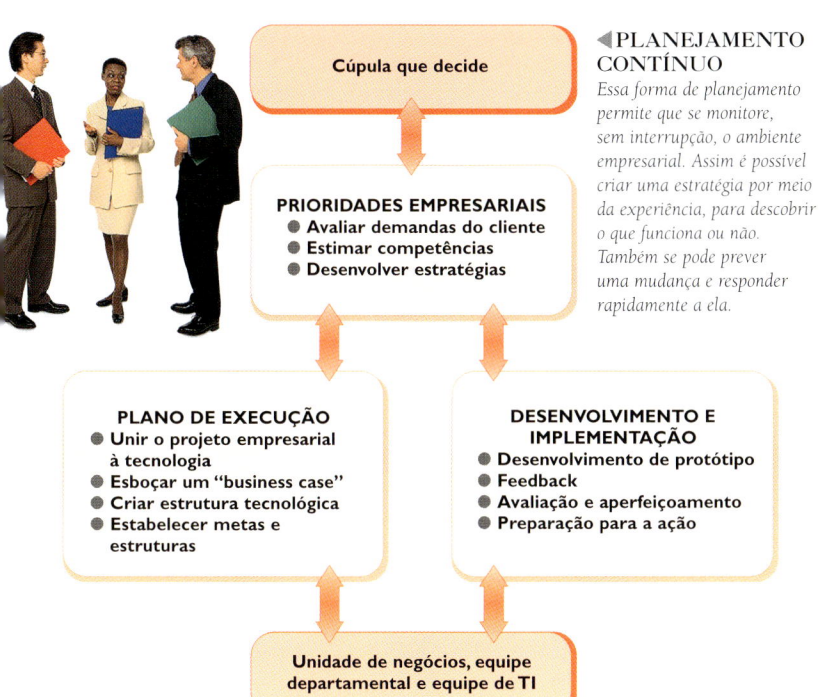

◀ **PLANEJAMENTO CONTÍNUO**
Essa forma de planejamento permite que se monitore, sem interrupção, o ambiente empresarial. Assim é possível criar uma estratégia por meio da experiência, para descobrir o que funciona ou não. Também se pode prever uma mudança e responder rapidamente a ela.

Cúpula que decide

PRIORIDADES EMPRESARIAIS
- Avaliar demandas do cliente
- Estimar competências
- Desenvolver estratégias

PLANO DE EXECUÇÃO
- Unir o projeto empresarial à tecnologia
- Esboçar um "business case"
- Criar estrutura tecnológica
- Estabelecer metas e estruturas

DESENVOLVIMENTO E IMPLEMENTAÇÃO
- Desenvolvimento de protótipo
- Feedback
- Avaliação e aperfeiçoamento
- Preparação para a ação

Unidade de negócios, equipe departamental e equipe de TI

Transformação da Empresa Atual

Faça a transição para o e-business antes que concorrentes novos e flexíveis se apossem dos seus mercados. Trabalhe com a equipe para identificar futuras necessidades da clientela, criar uma estratégia de e-business e realinhar processos.

> **46** Supra as necessidades atuais enquanto planeja o futuro.

Para Criar uma Equipe

Ao planejar a transformação para o e-business, é preciso uma equipe com funções interdependentes, com executivos de alto nível. A equipe não deve ser muito grande, para facilitar a rápida tomada de decisões, mas requer uma mescla de pessoal operacional e de TI. Lembre-se: os negócios cotidianos devem prosseguir de modo eficaz enquanto se planeja a mudança. Contrate assistentes qualificados para tocar a empresa com eficiência, deixando você se concentrar no sucesso futuro.

> **47** Contrate especialistas para orientar a equipe.

Equipe de E-Business

Pessoal	Função
Gerência Sênior Diretores e executivos em postos de comando.	O alto escalão deve se concentrar na mudança para o e-business e conduzi-la.
Equipe de TI Gerentes seniores de TI e planejadores de TI.	A equipe de TI pode indicar tecnologias que resolvam as necessidades da empresa.
Gerentes de Departamento Profissionais das unidades atingidas pela mudança.	Os gerentes de departamento trabalham com os de TI para encontrar soluções de TI.
Parceiros Representantes e membros de TI das empresas parceiras.	Os parceiros-chave são envolvidos para garantir a integração com seus processos e tecnologias.
Consultores Especialistas nas áreas em que não bastam os profissionais da casa.	Especialistas externos fortalecem as habilidades da equipe. Não permita que dirijam o projeto.

TRANSFORMAÇÃO DA EMPRESA ATUAL

DEFINIÇÃO DE RUMOS

Os insumos da equipe integram-se à transformação da empresa. Trabalhe junto para criar uma estratégia que explique o que se planeja fazer e o que se quer oferecer ao cliente. Esse é o ponto de partida para o projeto de e-business, que mostra como as coisas evoluirão. Seu projeto de e-business identifica quais processos internos e externos são necessários e como integrá-los.

48 Incentive bastante as sugestões de todos da equipe.

▼ ATENÇÃO PARA A EQUIPE
Ouça sua linha de frente, pois ela é capaz de identificar rumos benéficos ou eventuais obstáculos a superar

A gerente de vendas explica as idéias e contribuições de sua equipe

O gerente de TI aponta itens tecnológicos

PERGUNTE-SE

- Conheço minha clientela e suas necessidades específicas?
- Como se modificam as prioridades dos clientes e como mudarão no futuro?
- De onde virão os novos concorrentes no meu negócio?
- Qual é o melhor grupo de clientes e o que ele mais valoriza em nosso serviço?
- Previ as possíveis necessidades futuras dos clientes atuais ou potenciais?

FOCO NO CLIENTE

Tome como ponto de partida as necessidades dos clientes. Reúna informações detalhadas a respeito da clientela e de todas as tendências que indicam como ela e suas necessidades estão mudando. Use todos os dados disponíveis sobre o cliente, incluindo formulários, grupos de discussão e pesquisas, para compreender seu público-alvo e saber como dar a ele benefícios mensuráveis.

49 Identifique futuras necessidades dos clientes e detenha-se nas que você for mais capaz de satisfazer.

Como Entender os Processos Atuais

Antes de definir os passos para uma estrutura de e-business, veja se você entende claramente como funcionam os esquemas atuais. Em vez de tentar examinar tudo de uma vez, selecione aquilo que mais influi no valor que pretende dar à clientela. Se o fator mais importante for um excelente serviço ao cliente, concentre-se na descoberta de como interagem todos os processos atuais que lidam diretamente com o público-alvo.

Pergunte-se

- Somos melhores e piores em quê?
- Como melhorar os processos atuais?
- Nossa tecnologia depende da TI ou dos departamentos?
- De que capacitações precisamos para oferecer valor aos nossos futuros clientes?

50 Veja se você compreende bem seu público-alvo.

51 Procure idéias novas e dinâmicas fora de sua empresa.

Simplifique os Processos

Planeje novos modos de operar, com o objetivo de simplificar e agilizar seus processos empresariais antes de se voltar para a tecnologia necessária à implementação do novo projeto. Lembre-se: o projeto de e-business começa pelo foco no cliente e, depois, vai de trás para a frente, a fim de encontrar os métodos mais simples, rápidos e baratos para oferecer valor ao cliente. Integre funções para conseguir um processo completo, sem rupturas. Pense em terceirizar parte do trabalho, se comprovar que essa é uma solução eficaz.

FUNÇÕES ▶ INTEGRADAS

Neste exemplo utiliza-se um sistema de gerenciamento das relações com o cliente (CRM) para compartilhar informações.

- Equipes de vendas e pessoal externo
- Marketing e promoções
- Departamentos de atendimento ao cliente
- Sistema de CRM (gerenciamento das relações com clientes)
- Atendimento das necessidades do cliente

TRANSFORMAÇÃO DA EMPRESA ATUAL

COMO DEFINIR A TECNOLOGIA

Com um projeto empresarial adequado, veja que aplicativos tecnológicos serão melhores para suas exigências. Examine criticamente o atual uso de tecnologia e identifique pontos fortes e fracos dessa área em relação à estratégia de e-business. Crie um plano de tecnologia para escolher os instrumentos necessários, ver como integrá-los e prever custos e cronograma. Busque uma infra-estrutura tecnológica compatível com a Internet.

52 Prepare um "business case" para justificar os pesados custos que virão.

PRIORIZE O DESENVOLVIMENTO

Projetos tecnológicos em grande escala levam mais de um ano no planejamento e outro ano, ou mais, na implementação. Grandes projetos, com longos tempos de espera, são muito arriscados numa época de rápida transformação, pois, se mudarem as necessidades da empresa, a iniciativa pode perder a importância antes de ser implementada. Trabalhe com fornecedor de tecnologia que se adapte às suas exigências. Se uma única iniciativa não puder ser dividida em partes que sejam implementadas no prazo, descubra outra opção.

Etapa	Objetivo
Conheça bem sua empresa e seus clientes	Distinga clientes e concorrentes importantes
Analise suas capacidades e as de seus parceiros e fornecedores	Determine pontos fortes e meios para a reorganização
Defina o projeto empresarial com base em metas-chave	Selecione um modelo voltado para os clientes
Avalie suas habilidades técnicas e crie um projeto tecnológico	Alinhe a tecnologia com o projeto empresarial
Implemente e reveja seus processos e a tecnologia associada	Prepare-se para reagir às mudanças na empresa

53 Observe a tecnologia usada pelos concorrentes.

▲ **UM PROJETO DE E-BUSINESS**
Estabeleça metas que possam ser atingidas com rapidez. Planeje o desenvolvimento em etapas que possam ser vencidas entre três e seis meses. Dê passos pequenos para que os bons resultados logo possam ser comprovados e percebidos pelos clientes.

COMO DESENVOLVER SEU E-BUSINESS

PARA COMPREENDER OS SISTEMAS DE BACK-OFFICE

A adoção de sistemas integrados de back-office ou de aplicativos de planejamento dos recursos da empresa (ERP, do inglês Enterprise Resource Planning) torna os negócios mais eficientes. Entenda o modelo e ajuste-o à estratégia.

54 Encare os sistemas de back-office como um ponto fundamental.

55 Procure meios de integrar as várias funções num único aplicativo para back-office.

O Uso de Sistemas ERP

Muitas empresas operam com sistemas incompatíveis que não dão informações em tempo real e não conseguem se comunicar com outros sistemas de TI da empresa. A expansão dos sistemas de back-office, ou sistemas de planejamento de recursos da empresa (ERP), derivou da necessidade de solucionar problemas causados por aplicativos incompatíveis.

ELEMENTOS COMUNS DE UM APLICATIVO DE ERP

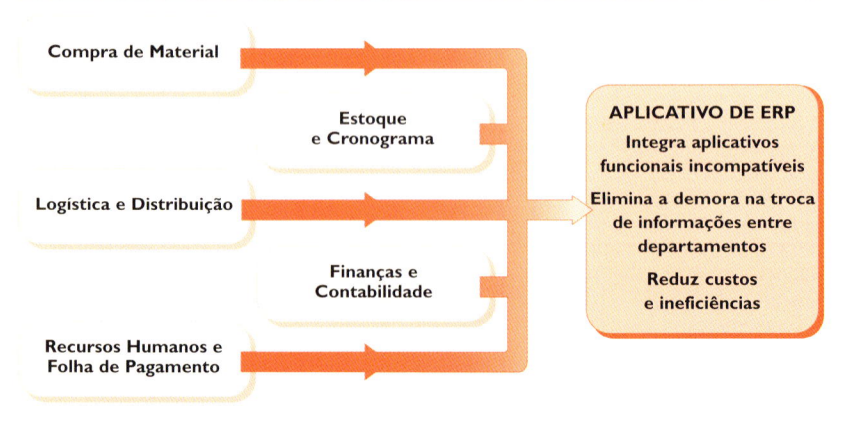

- Compra de Material
- Estoque e Cronograma
- Logística e Distribuição
- Finanças e Contabilidade
- Recursos Humanos e Folha de Pagamento

APLICATIVO DE ERP
- Integra aplicativos funcionais incompatíveis
- Elimina a demora na troca de informações entre departamentos
- Reduz custos e ineficiências

Como Criar uma Base para o E-Business

Adotar o e-business exige que os sistemas de ERP sejam integrados a outros, de modo que toda a cadeia de valor seja modernizada. Seu sistema de ERP deve ser a base para a estrutura de e-business. Garanta comunicação sem falhas entre os sistemas de ERP e aplicativos como o de gerenciamento das relações com o cliente (CRM) e o de gerenciamento da cadeia de suprimentos (SCM, de Supply-Chain Management). Reconheça os benefícios de sistemas com padrões de Internet para troca de informações entre os parceiros.

| **56** | Prepare-se para um processo complexo. |

| **57** | Implemente sistemas de back-office compatíveis com a Internet. |

Programas Compatíveis com a Internet

Como o sistema de ERP deve ser a base da estrutura de e-business, é importante que possa se comunicar sem interrupções com outros sistemas de TI da empresa. Os ERPs atuais empregam padrões da Internet para garantir compatibilidade com outros sistemas e permitir facilidades na troca de informações e no acesso a elas. Isso levou a programas baseados em Java (uma linguagem de programação com plataforma independente), que funciona num padrão de navegação da Web. Ou seja, os usuários acessam seus sistemas de ERP e de dados corporativos de qualquer computador ligado em rede com um navegador normal da Internet.

Lembre-se

- Deve-se selecionar a solução de ERP própria para a estratégia empresarial.
- Pode surgir resistência interna quando se planejam mudanças nos sistemas existentes.
- Sistemas que usam padrões de Internet comunicam-se e trocam informações com facilidade.
- A modernização deve partir de necessidades estratégicas, e não do sistema de ERP.

As Necessidades de ERP e a Estratégia

Antes de escolher um sistema de ERP, defina o tipo de empresa que você quer no futuro digital. Só opte pelo sistema de ERP depois de ter criado o projeto de e-business. A reengenharia do processo empresarial é uma exigência inevitável quando se instala um sistema de ERP. Mas evite a adaptação de seus processos para adequá-los ao programa de ERP. Concentre-se nos processos necessários para a modernização, de modo a atingir suas metas estratégicas de e-business.

Como Integrar Soluções de TI

Muitas empresas herdaram sistemas de TI incompatíveis com seus sistemas mais novos. Analise seus recursos para verificar como foram desenvolvidos e onde existem gargalos e barreiras. Depois dê início aos processos de integração.

58 Descubra quantos e quais sistemas incompatíveis sua empresa usa.

59 Identifique os gargalos na rede de informações.

60 Pense em como a rede pode precisar de expansão.

Desenvolvimento dos Sistemas

Computadores e programas desenvolveram-se para responder a exigências funcionais, como folhas de pagamento, mas não conseguiam trocar informações. As redes surgiram para ligar os sistemas, mas quase sempre eram incapazes de conexão com redes separadas. Com a Internet, houve uma abertura de padrões (protocolos) para transmissão, arquivamento e transporte de dados, que permitiu a troca de informações com outros sistemas, em qualquer tempo ou lugar.

Descoberta de Gargalos

O segredo do sucesso na empresa digital é o uso de redes e aplicativos conectados à Internet, para eliminar gargalos nas informações. Evite combinar sistemas novos e velhos não-integrados, que tendem a criar ilhas de informação dentro da empresa. Os dados podem ser transferidos entre sistemas não-integrados por meio de lotes de arquivos em horários programados, em rede, mas isso significa que as informações não estarão disponíveis em tempo real. Admita que o livre fluxo de informações é crucial para a base da TI.

Pergunte-se

- Alguns setores usam disquetes para transferir arquivos entre si ou para fornecedores?
- Alguns setores ainda têm que reintroduzir dados manualmente?
- Na empresa, todos são capazes de partilhar informações em tempo real?
- Foram instalados sistemas de TI compatíveis?

Como Integrar Soluções de TI

Remoção de Barreiras

O objetivo é modernizar totalmente o processo empresarial. Diversas empresas deparam com uma mescla de sistemas e departamentos ou setores isolados. Admita que a troca de sistemas herdados é sempre difícil, cara e talvez pouco prática. Há sistemas que podem ser mantidos e adaptados. Pense em adotar "programas integradores", ou "middleware", para a transferência de dados entre os sistemas velhos e os novos.

LEMBRE-SE

1. Peça à equipe para localizar as barreiras no sistema.
2. Identifique as limitações dos sistemas atuais.
3. Elimine sistemas redundantes que não se integram à nova estrutura.
4. Identifique as implicações de custos e prazos da integração.

REDES MODERNIZADAS ▼
Identifique e elimine sistemas não-integráveis em sua empresa. Adapte sistemas que de fato possam ser integrados e invista em tecnologia que favoreça a integração.

Identifique → **Adapte** → **Integre**

Projeto da Estrutura

A arquitetura do e-business pode ser imaginada como camadas de serviços interdependentes. Os serviços em rede são a infra-estrutura que cria a base para vários serviços, como transferência de arquivos, e-mail e banco de dados. Facilitam os programas que formam a camada seguinte. A camada de cima compreende as interfaces de comunicação com diversos públicos, como a Internet, a extranet para parceiros e os pontos-de-venda. Esses portais coletam informações dos serviços da empresa numa camada abaixo e as apresentam aos usuários da maneira adequada.

- INTERFACES DO USUÁRIO E DO CLIENTE
- PROGRAMAS PARA A EMPRESA
- BANCO DE DADOS E SERVIDORES
- SERVIÇOS EM REDE

▲ PARA A ESTRUTURA DE E-BUSINESS
Os serviços em rede são as fundações do seu e-business. Banco de dados e aplicativos dependem disso, e criam um caminho para seus públicos e clientes.

61 Use as interfaces com o cliente para identificar, coletar e renovar dados para os serviços da empresa.

CRIAÇÃO DA REDE

Já que o e-business se baseia no conceito de redes, é essencial que a sua seja rápida, robusta, escalonável, segura e totalmente compatível com a Internet. Também deve ter capacidade suficiente para um futuro aumento de tráfego. Garanta que sua rede possa ser expandida, como e quando for preciso, sem complicar, tirar a flexibilidade ou perturbar nenhuma outra parte da infra-estrutura. No ambiente digital, sua empresa tem de trabalhar no tempo da Internet, ou seja, estar disponível 24 horas por dia. Menos que isso é inaceitável para qualquer rede moderna.

PERGUNTE-SE

- Já definimos o padrão de rede que manteremos?
- Podemos garantir rapidez, robustez e escalonamento?
- Que tecnologias compatíveis estão disponíveis para nós?
- Que aplicativos empresariais básicos usaremos para nosso processo empresarial?
- Que tipo de acesso iremos oferecer ao nosso público?

> **62** Faça com que seu sistema seja estável e eficiente.

> **63** Escolha com cuidado o seu provedor de aplicativos.

CRIAR, COMPRAR OU ALUGAR?

É básica a decisão de como obter sistemas de TI. Sistemas criados internamente podem ser caros. A criação de aplicativos mediadores simples para integrar sistemas velhos pode justificar-se. Sistemas comprados devem ser compatíveis com a Internet e com padrões abertos. Pense em fazer leasing de programas de provedores de serviços aplicativos (ASP, de Application Service Providers). Os programas ficam no ASP, ao qual você se liga por uma conexão segura da Internet. Avalie bem os prós e os contras da terceirização.

MOVA-SE PARA FORA DE SUA EMPRESA

Não basta integrar os sistemas dentro da empresa – é preciso partilhar informações, sem interrupções, com parceiros e fornecedores em toda a cadeia de valor. Isso reforça a importância de adotar padrões de Internet, sistemas abertos e um pequeno conjunto de tecnologias compatíveis, amplamente usadas. Faça seus sistemas se comunicarem facilmente com os dos parceiros e fornecedores. Mantenha a flexibilidade necessária para trocar as empresas com as quais trabalha conforme as necessidades que surgirem em sua organização.

Como Integrar Soluções de TI

Legenda
- ↔ Acesso do público
- ↔ Integração de sistemas

- Fornecedores e parceiros
- Stakeholders (todos os que se interessam pelo desempenho da organização)
- Sistemas SCM (gerenciamento da cadeia de suprimentos)
- Gerência
- Aplicativos para relatórios e finanças
- Sistemas de apoio à decisão

PLANEJAMENTO DE RECURSOS EMPRESARIAIS
- Produção
- Distribuição
- Atendimento

- Funcionários
- Sistemas de gerenciamento da força de vendas
- Aplicativos para recursos humanos e administração
- Sistemas de CRM (gerenciamento das relações com o cliente)
- Revendedores
- Clientes

◀ **SISTEMA EM REDE**
A rede eficaz de e-business agiliza o fluxo de informações sem interrupção, com a interligação dos aplicativos de back-office e front-office. Assim, cada grupo de público tem acesso ao sistema e pode reunir os dados de que precisa.

Como Implantar Sistemas de CRM

As soluções tecnológicas para o gerenciamento das relações com o cliente (CRM, de Customer Relationship Management) expandiram-se rapidamente. Entenda o modelo e trace uma estratégia que ofereça bons serviços em vários canais.

64 Projete uma infra-estrutura acessível a seus parceiros de negócios.

65 Lembre-se: um aumento razoável na fidelização de clientes pode elevar bastante o lucro.

Por Que Usar CRM?

Como os clientes se concentram cada vez mais na qualidade do serviço, uma estratégia eficaz de gerenciamento das relações com o cliente (CRM) é fundamental para a fidelização. Os sistemas de CRM usam uma só fonte de dados do cliente para alimentar um ou mais aplicativos para tarefas funcionais, como pedidos, vendas, atendimento e marketing. Permitem também que o cliente selecione um auto-serviço pelo site na Web.

Como Desenvolver CRM

Boas relações com o cliente são cruciais para o e-business, mas seu grau de importância varia conforme o foco estratégico da empresa. Se sua meta for um excelente serviço, então um poderoso sistema de CRM será mais importante do que se concentrar na inovação constante. Quando decidir adotar um sistema de CRM, use o projeto de e-business para identificar as funções do contato com o cliente que seriam críticas para sua empresa. Não se esqueça de que a introdução de um sistema de CRM exigirá uma reorganização interna. Comunique-se constantemente com a equipe envolvida nessa reorganização.

Pergunte-se

- Já sei como o sistema de CRM nos ajudará a atingir as metas estratégicas?
- Avaliei os méritos de diferentes modelos de CRM e considerei as vantagens de criar um sistema próprio?
- Comparei sistemas de CRM de vários fornecedores para decidir qual seria o melhor?
- Organizei uma lista de nossas necessidades funcionais para um sistema de CRM?

Para Ser Competente

Seja qual for o sistema de CRM escolhido, é preciso ter certeza de que ele irá valorizar a experiência do cliente com sua empresa, qualquer que seja o canal. Não basta ter um sistema de CRM ligado ao site se suas centrais de compras não conseguirem acessar o mesmo banco de dados. O cliente pode se interessar por seu serviço na Internet, mas logo se desiludirá se não receber o mesmo serviço em suas lojas. Os clientes costumam pesquisar um canal antes de iniciar a compra em outro. Garanta que seu CRM seja capaz de dar informações integradas sem interrupção. Utilize tecnologias de contato digital, como telefones WAP, TV interativa e quiosques, para interagir com a clientela.

66 Só aceite sistemas compatíveis com a Internet.

Lembre-se

- Cada canal de serviço precisa ter acesso imediato ao histórico do cliente e aos dados do contato.
- Os dispositivos digitais oferecem novos meios de contato.
- O pessoal de vendas deve determinar a abordagem adequada a cada cliente.

Conquiste → **Aperfeiçoe** → **Fidelize**

67 Exerça uma liderança forte e vença a resistência interna ao introduzir um novo sistema de CRM.

▲ ETAPAS DO CICLO DE VIDA DO CLIENTE
O sistema de CRM deve ajudar nas três etapas do ciclo de vida do cliente: conquistar um cliente, aperfeiçoar a relação e manter sua fidelidade.

Para Explicar Novas Tecnologias de Contato

Palavra-Chave	Definição
Telefone WAP	Celulares WAP (Wireless Application Protocol) permitem conectar a Web, receber e-mail e navegar em sites compatíveis com o sistema.
TV interativa ou iTV	Junção da televisão digital interativa com a Internet, permite que os anunciantes explorem o melhor das duas mídias.
Quiosques	Fáceis de usar, os quiosques quase sempre são computadores com tela de toque, dispostos num ponto-de-venda ou em locais de pesquisa para oferecer aos clientes uma opção de auto-serviço.

Gerenciamento da Força de Vendas

As demandas do e-business incentivaram o uso de sistemas de gerenciamento da força de vendas (SFM, de Sales Force Management). Avalie as exigências desse sistema e estabeleça metas claras, antes de implantar processos e tecnologia de apoio.

> **68** Procure oportunidades para coordenar a equipe de vendas.

> **69** Reduza a reentrada de dados, pois isso toma tempo e pode introduzir erros.

Defina o Gerenciamento da Força de Vendas

O gerenciamento da força de vendas (SFM) consiste na integração de funções quase sempre separadas, no percurso que vai da pesquisa inicial do cliente até o pedido de compra. Inclui tomada de preço, cotações, confirmação de alocação ou disponibilidade de pagamento de comissões. Adote aplicativos que integrem as funções num processo único, que se conecte a sistemas de CRM e ERP e obtenha máximo desempenho.

Vendas Coordenadas

O gerenciamento da força de vendas deve modernizar o processo, aumentar a eficiência da equipe e atender às exigências dos clientes. Por exemplo: sua equipe externa de vendas pode estar operando em vários países e culturas, mas precisa ajustar os produtos para atender aos requisitos locais. Garanta que os dados sejam prontamente acessados pela equipe de vendas, onde ela estiver.

ACESSO E INPUT ▶
Dê à equipe de vendas a possibilidade de acessar e fazer input de informações a partir de laptops ou telefones WAP, para que possam satisfazer as necessidades dos clientes, mesmo em viagens.

GERENCIAMENTO DA FORÇA DE VENDAS

ESTUDO DE CASO

Um importante fornecedor de componentes para redes adotou estratégias e soluções de e-business. Como parte dessa decisão, a empresa implementou um sistema on-line de gerenciamento da força de vendas, para eliminar processos manuais que eram ineficazes e tendiam ao erro. Consolidado em etapas, o sistema contava com uma série de agentes de comércio em rede, que capacitaram os revendedores a determinar preços, expedir, entregar e configurar um pedido eletrônico on-line. Começaram pequenos, formando um agente para fazer pedidos; depois acrescentaram peças a esse conjunto, que foi expandido para incluir um agente para preço e configuração, pedido de compra e faturas. Com isso, a empresa reduziu de 20% para 2% a taxa de erro nos pedidos de compra.

◀ GANHO DE EFICIÊNCIA

Neste estudo de caso, uma empresa líder viu rapidamente as vantagens de modernizar os processos de venda. Os benefícios do aumento de eficiência foram vistos logo depois da implementação de um sistema on-line de gerenciamento da força de vendas.

CRIAÇÃO DE SISTEMAS DE SFM

A proliferação de canais para os clientes, o crescimento do auto-serviço e o aumento da personalização de produtos resultaram num processo de vendas complexo e, em geral, fragmentado. Primeiro, integre esse processo, identificando cada etapa necessária ao processo de vendas, para cada grupo de clientes importantes. Observe o processo do ponto de vista do cliente e veja se está atendendo às necessidades dele. Forme uma equipe interfuncional, criada com todos os departamentos envolvidos. Agora identifique as etapas responsáveis por atrasos e erros nas compras e no processamento dos pedidos.

PARA UMA SOLUÇÃO DE SFM

DEFINA
Esboce um processo completo que modernize as vendas
→ *Transforme os bancos de dados centralizados*

PROJETE
Elimine etapas inúteis e facilite o fluxo de informações
→ *Ofereça acesso com interface para um navegador*

IDENTIFIQUE
Encontre soluções tecnológicas para o acesso das equipes
→ *Inclua itens como a personalização on-line de produtos*

IMPLEMENTE
Integre funções individuais em um processo modernizado
→ *Faça a ligação com os sistemas de ERP do back-office*

Uma Terceirização Bem-Sucedida

O rápido crescimento da terceirização ocorreu porque as empresas enfrentam demandas acima de suas capacidades. Identifique as principais competências, crie parcerias para transferir as habilidades necessárias e aprenda a gerir essa relação.

70 Aumente a sua flexibilidade terceirizando mais de um parceiro.

71 Observe cada setor da empresa em sua avaliação.

Pontos Fortes

O primeiro passo para descobrir se a terceirização é viável para a empresa consiste em identificar suas capacidades principais. Examine seus limites competitivos e note como se diferencia dos concorrentes. Observe as áreas em que outros possam trabalhar melhor, mais depressa e mais barato do que você. Mesmo numa indústria as habilidades de empresário talvez sejam menos importantes do que a capacidade de gerenciar sua marca. Nesse caso, a eficiência aumentaria com a terceirização da produção.

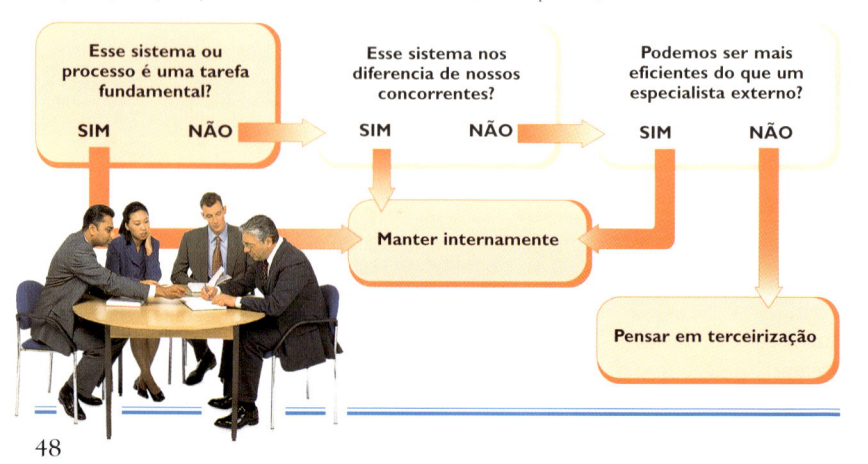

TRABALHOS ▼ TERCEIRIZADOS
Muitas empresas terceirizam funções básicas, como contabilidade e TI, quando percebem que elas não são fundamentais e podem se realizar com mais eficiência quando feitas por especialistas externos.

- Esse sistema ou processo é uma tarefa fundamental? **SIM** / **NÃO**
- Esse sistema nos diferencia de nossos concorrentes? **SIM** / **NÃO**
- Podemos ser mais eficientes do que um especialista externo? **SIM** / **NÃO**

→ Manter internamente

→ Pensar em terceirização

UMA TERCEIRIZAÇÃO BEM-SUCEDIDA

CRIE PARCERIAS BEM-SUCEDIDAS

Quando decidir quais funções podem ser terceirizadas, selecione uma empresa com a qual possa criar uma estreita parceria. Selecione empresas cujas competências consigam melhorar seus negócios e cujos sistemas possam ser integrados aos seus, com um mínimo de perturbação. Seus parceiros devem se integrar tão fortemente à sua empresa a ponto de não se diferenciarem dela aos olhos do público interno ou externo. Defina a relação comercial e ofereça prêmios para os melhores serviços prestados.

72 Crie competição entre rivais na terceirização.

73 Preveja pessoal e recursos suficientes para administrar bem as relações de terceirização.

LEMBRE-SE

1. Estabeleça metas de desempenho e dê prêmios de acordo com o resultado.
2. Negocie contratos de curto prazo, em vez de relações de longo prazo.
3. Crie contratos flexíveis, que permitam a troca de parceiros quando for preciso.

ADMINISTRAÇÃO DAS RELAÇÕES

O sucesso da terceirização vai depender do grau em que as empresas aprenderem a pensar e agir como uma só. Para atingir esse ideal é preciso um gerenciamento ativo das relações. Escolha uma equipe gerencial capaz de uma boa comunicação, pois ela será o vínculo entre usuários dos sistemas internos e fornecedores. Certifique-se de que sua equipe esteja apta para gerir relacionamentos com terceiros antes de implementar a mudança e monitore o desempenho e o feedback.

▼ REUNIÕES REGULARES
Faça reuniões regulares com os terceirizados para controlar os projetos. Crie uma equipe de gerenciamento com múltiplas experiências.

Gerente de vendas descreve a perspectiva do cliente

Gerente terceirizado fala de seus serviços

PARA COMEÇAR UM E-BUSINESS

Em geral, criar um e-business é mais fácil do que transformar uma estrutura apoiada em métodos antigos. Aproveite as mudanças, concentre-se no atendimento ao cliente, defina as habilidades fundamentais e escolha parceiros que valorizem o negócio.

74 Pesquise profundamente seu alvo antes de iniciar o projeto.

RESPOSTAS À MUDANÇA

75 Apague o passado e crie sistemas totalmente novos para o futuro.

A mudança rápida para um ambiente digital vem causando problemas para muitas empresas já instaladas. Mas, para as novas, são oferecidas grandes oportunidades. Sua nova empresa pode elaborar sistemas eficientes sem os obstáculos de sistemas herdados. Defina uma proposta de valorização da clientela potencial, livre das atuais noções de cliente ou das complicadas relações comerciais com os parceiros.

TUDO NOVO ▼
A Internet permite que uma empresa nova pesquise ofertas rapidamente, crie uma estratégia única e a implemente.

Pesquisar ➤ **Planejar** ➤ **Implementar**

PESQUISA ON-LINE

A Internet é o instrumento perfeito para uma pesquisa rápida e abrangente do mercado que você escolheu valorizar e para ter uma noção da concorrência existente. Use a Web para verificar detalhes dos preços e ofertas dos concorrentes e utilize grupos de discussão ou recursos similares para identificar os desejos dos clientes potenciais.

76 Ofereça um excepcional serviço ao cliente no nicho de mercado escolhido.

Valorização dos Nichos de Mercado

Se houver a oportunidade, dentro de qualquer setor da economia, de oferecer um valor significativo ao cliente, então existe um nicho que um novo e-business pode atender. Sua meta é criar um modelo que ofereça ao público-alvo uma proposta que consiga ultrapassar suas expectativas. Molde com cuidado suas ofertas para o nicho identificado, em vez de adotar um foco amplo demais, na esperança de atrair um público maior. Antes de se estabelecer no nicho a ser abordado, tenha a certeza de ter respondido a todas as questões levantadas na pesquisa.

Pergunte-se

- Quem são os meus clientes e até onde os conheço?
- Como vou conseguir e manter a fidelidade do cliente?
- Quem são meus concorrentes atuais e potenciais?
- Como meu produto ou serviço atingirá o cliente?
- Quais são as capacidades básicas da nossa empresa?
- Como a tecnologia continuará mudando o mercado?

Tipos de Proposta de Valor On-Line

Modelo de Empresa	Proposta de Valor para o Cliente
Informações Intermediárias	Fornece ao cliente um único ponto para todas as informações necessárias sobre uma área específica, com uso fácil, resultados rápidos e redução de custos.
Transações Intermediárias	Fornece um processo unificado para procurar, comparar, selecionar e comprar produtos ou serviços on-line. Oferece rapidez e economia.
Líder na Categoria	Torna-se líder por identificar uma nova proposta de valor e inovar continuamente a experiência do cliente. Oferece a experiência mais completa.
Centro Comunitário	Cria um ponto de encontro on-line com tema específico. Os membros podem trocar idéias e informações. Oferece facilidade de contato e de associação da comunidade.
Portal de Indústria	Fornece recursos de acesso a empresas de determinado setor para realizar negócios business-to-business. Oferece prazo, redução de custos e acesso a novos fornecedores.

Estabeleça Suas Metas

As primeiras empresas pontocom pensavam em crescimento rápido, financiadas por investidores pioneiros, e queriam formar grande clientela. Isso foi usado para justificar as altas avaliações que possibilitariam o caminho ágil para uma oferta de compra inicial. Algumas avaliações não puderam ser justificadas, e agora os mercados têm expectativas mais realistas. Antes de assumir a proposta de e-business, confira suas metas. Você está criando um negócio de longo prazo ou pretende vender logo esse empreendimento?

Lembre-se

- A virada para o e-business mudou algumas regras dos negócios, mas as fundamentais não se modificaram.
- O projeto da sua empresa deve ser capaz de criar rendimentos sustentáveis e crescentes.
- Seja sempre objetivo quanto à direção para a qual a empresa está voltada e para o que se está tentando alcançar.

77 Tenha certeza de quem são seus concorrentes.

78 Avalie com cuidado os riscos para seu modelo de empresa.

Criação de uma Comunidade Empresarial

No início, é bem provável que você não tenha todas as pessoas capacitadas que serão necessárias para sua empresa. Veja quais funções básicas serão mantidas internamente e procure outras empresas que possam fornecer serviços, infra-estrutura e outros itens de que precisa. Pesquise as comunidades de empresas eletrônicas (CEEs) que reúnam parceiros terceirizados num arranjo flexível, que possa ser alterado com relativa facilidade quando houver necessidade.

▶ NOVA VALORIZAÇÃO

Este estudo de caso mostra que mesmo empresas líderes de mercado, bem conhecidas e com margens baixas podem ser vulneráveis a ataques de pequenas empresas recém-fundadas que identificam com sucesso e fornecem uma proposta de valorização inovadora.

ESTUDO DE CASO

Uma empresa nova ganhou mercado dos líderes em vendas de livro ao identificar e concretizar agressivamente uma nova proposta de valorização do cliente. Um ingrediente poderoso para a nova empresa assustar os líderes do mercado foi o reconhecimento de que poderia usar a tecnologia para atribuir ao cliente novo valor no ato de compra de livros. A empresa inovou na experiência de pesquisa, seleção e compra de livros e lidou cuidadosamente com as expectativas do cliente, para alcançar novos níveis de satisfação. Concentrou-se em suas capacidades básicas e criou uma comunidade eletrônica de suprimento que lhe permitiu dominar os pesos-pesados do mercado. Ao fazer isso, elevou as expectativas do cliente a um novo patamar, que seus concorrentes não atingiram.

MÚLTIPLOS PERFIS

Uma empresa pequena pode ter grande presença no mundo virtual, sem custos das instalações. Porém, um dos maiores desafios é a capacidade de atrair número suficiente de clientes potenciais para seu site. A autopromoção on-line pode passar despercebida, mas a propaganda nos meios convencionais pode consumir boa parcela do orçamento inicial. Procure divulgação editorial gratuita e use a presença dos parceiros da comunidade empresarial para ampliar o alcance de suas promoções.

▲ **PRESENÇA PUBLICITÁRIA**
A publicidade no mundo real, como o patrocínio, estimula no cliente a consciência de sua existência. Procure meios inovadores para marcar sua presença.

79 Amplie sua presença no mercado "real".

80 Destine recursos para a propaganda convencional.

OPERAÇÕES NO MUNDO FÍSICO

A maioria dos novos negócios eletrônicos opera apenas no mundo virtual, com custos mais baixos e fácil acesso ao cliente, mas a presença física pode aumentar seu alcance. Destaque-se no mundo real fazendo parceria com uma empresa de varejo. "Uma loja dentro de outra" poderia oferecer penetração em locais importantes e lhe dar vantagens sobre a concorrência. Veja se a interface do cliente no mundo real está ligada aos mesmos dados de sua operação on-line.

CONTRATAÇÃO DE CONSULTORIA EM INTERNET

O site público na Web e o particular na intranet podem ser elementos cruciais para seu projeto empresarial. A menos que haja muitos peritos na Web em sua empresa, você terá de trabalhar com um consultor ou fornecedor que projete e crie seus sites. Escolha cuidadosamente um especialista adequado. Forneça-lhe um resumo abrangente e examine outros exemplos do trabalho dele, para se certificar de que é capaz de criar o tipo de imagem que você deseja na Web.

A Visão do E-Marketing

Os profissionais de marketing precisam adaptar para a Internet as técnicas usadas para transmitir suas mensagens nos meios convencionais. Entenda como se faz o marketing de e-mídia e procure oportunidades para novas promoções.

81 Use o patrocínio on-line para atingir grupos de clientes potenciais.

Os Quatro Pês

- Produto – descubra tendências emergentes para oferecer inovação contínua
- Preço – inovações ou valor agregado podem justificar um preço mais alto
- Ponto-de-venda – os clientes são atingidos por meio de múltiplos canais
- Promoção – troque o foco para uma abordagem individual

Marketing Adaptado

Os clássicos elementos do marketing, os "4 pês" –produto, preço, ponto-de-venda e promoção–, aplicam-se ao e-marketing, mas têm de ser reexaminados no contexto do ambiente digital. Num universo em que é cada vez mais difícil diferenciar produtos pelo preço, pense em como fará a nova valorização do cliente. Segmente a base da clientela a fim de usar as únicas aptidões oferecidas pela e-mídia para atingir o alvo.

82 Use uma mescla de promoções on-line e off-line, mas veja se ambas contêm mensagens consistentes.

Marketing da Marca

O valor da imagem de uma marca forte e confiável é fundamental para diferenciá-lo de seus concorrentes e estimular a fidelidade da clientela. Marcas que já são líderes no mundo físico levam vantagem, pois podem transferir com sucesso para o mundo on-line os valores ligados a elas. Se sua marca só existe on-line, forje a consciência dela entre seu público-alvo e veicule mensagens refletindo os seus valores.

Lembre-se

- O ambiente on-line é mais adequado ao marketing dirigido a um público segmentado.
- Teste banners publicitários em sites que atraiam grande número de clientes do seu público-alvo.
- É preciso pensar em criar perfis demográficos e psicográficos de seu público-alvo.

A VISÃO DO E-MARKETING

NA VANGUARDA

A natureza interativa e concentrada da mídia digital mostra que as técnicas de marketing direto são ideais para o trabalho individual on-line. Realize campanhas de marketing direto on-line e aproveite sua capacidade de medir, quase em tempo real, os efeitos das mudanças em muitas variáveis. Teste e aperfeiçoe as ofertas dirigindo-se a públicos-alvo estratégicos.

> **83** Use o site para armazenar e-mails a serem utilizados no marketing direto.

OS BENEFÍCIOS DAS PROMOÇÕES ON-LINE

MÍDIA	MELHORES AÇÕES
SITE NA WEB	Procure aprimorar o design e a apresentação do site. Tente reduzir o tempo de carregamento e ajudar usuários que tenham navegadores mais antigos. Analise constantemente o uso do site.
E-MAIL	Estimule os clientes a se registrarem, a fim de receber notícias e novidades por e-mail. Envie e-mails apenas a clientes que optaram por recebê-los. Use os e-mails em marketing direto.
PROPAGANDA ON-LINE	Segmente seu público e depois escolha sites que atraiam clientes potenciais. Teste e aperfeiçoe constantemente todos os aspectos de suas peças –tamanho, adequação à mídia, posição e ofertas.
PATROCÍNIO ON-LINE	Use o patrocínio para criar relações com públicos-alvo importantes. Patrocine sites que atraiam clientes. Reforce as perspectivas de venda, com comerciais e marketing direto.
COMUNIDADES	Identifique comunidades on-line cuja área de interesse atraia seu público-alvo. Não afugente os usuários com uma abordagem abertamente comercial. Seja franco ao falar de seus produtos.
CELULARES WAP	Envie aos clientes notícias e novidades pelos telefones celulares que conseguem se conectar com a Internet. Faça o conteúdo adaptar-se às pequenas telas dos telefones WAP.
TV INTERATIVA	A TV interativa digital está chegando e em breve deverá se transformar em um importante canal de contato com os clientes, que poderão acessar dados e e-mail. Comece a pensar nisso.

Aproximação com os Fornecedores

A oportunidade de melhorar a cadeia de suprimentos é importante no e-business. Inicie a transformação dessa cadeia, ganhe em economia e flexibilidade e valorize seu cliente.

Cadeia de Suprimentos

As cadeias de suprimento variam de acordo com o tamanho e o tipo da empresa, mas em qualquer caso os processos de modernização beneficiam o cliente final. Entenda sua cadeia de suprimentos e saiba como adaptá-la para o e-business.

84 Identifique a rota que seu produto percorre antes de chegar ao cliente.

Cadeia de Suprimentos Simples

- Matérias-primas
- Subcomponentes
- Produtos acabados

Descrição de uma Cadeia de Suprimentos

A cadeia de suprimentos da empresa é um sistema que produz os itens acabados que são vendidos aos clientes. Sempre consiste em diversas relações interdependentes, com fornecedores e parceiros que auxiliam na procura de fontes, na manufatura, no armazenamento e na distribuição de produtos e serviços. Responde pela agregação de valor às mercadorias, ao obter matéria-prima, manufaturar, montar e distribuir produtos acabados. Lembre-se de que essa cadeia também tem de facilitar o fluxo de informações.

CADEIA DE SUPRIMENTOS

ATENÇÃO PARA AS EXIGÊNCIAS

Várias empresas se concentram apenas em reduzir custos em sua cadeia de suprimentos. Em seu e-business, concentre o foco nas necessidades do cliente. Ofereça o que o cliente deseja, quando e onde ele quiser. Atenda a suas demandas rapidamente e a preços justos. Aperfeiçoe o atendimento e reduza o tempo de processamento do pedido. Para atingir suas metas, conquiste o apoio dos fornecedores.

AVALIAÇÃO DE FORNECEDORES

O crescimento da terceirização e o desenvolvimento de comunidades empresariais eletrônicas (CEEs) integradas decorrem da necessidade urgente de modernizar e ligar todos os elos da cadeia. Há desde fornecedores que já usam sistemas de e-business até aqueles para os quais as técnicas de TI ainda estão distantes. Defina os meios pelos quais os sistemas dos parceiros se integram aos seus e busque fornecedores que tenham capacidade técnica para atender a suas necessidades.

Fornecedores → Fabricantes → Depósitos → Distribuidores → Revendedores → **CLIENTE**

◀ OS ELEMENTOS DA CADEIA
Em geral, os elementos da cadeia de suprimentos são unidades separadas que cooperam para transformar matérias-primas ou componentes nos produtos acabados que são distribuídos aos clientes. Junto com materiais e produtos em movimento, a cadeia de suprimentos também tem de ser uma fonte dinâmica de informações.

CERTO E ERRADO

- ✔ Reconheça que precisa do apoio dos fornecedores.
- ✔ Trabalhe para manter unida a cadeia.
- ✔ Garanta que os dados circulem entre todos os fornecedores.

- ✘ Não subestime a importância de uma cadeia integrada.
- ✘ Não negligencie nenhum elemento da cadeia de suprimentos.
- ✘ Monitore sempre os processos da cadeia.

85 Descubra os gargalos da cadeia de suprimentos e faça as informações fluírem com eficiência.

APROXIMAÇÃO COM OS FORNECEDORES

Como Integrar a Cadeia de Suprimentos

As empresas não podem mais trabalhar isoladas e devem procurar oportunidades para integrar sua cadeia de suprimentos. Entenda os benefícios da reengenharia da cadeia como meio de remover barreiras nas informações.

86 Saiba que a informação é tão importante quanto o estoque.

87 O bom relacionamento com os parceiros permite manter clientes e reduzir custos.

Gerenciamento da Cadeia de Suprimentos

Em geral, cada atividade-chave na cadeia de suprimentos é mantida por uma empresa diferente. O objetivo do gerenciamento da cadeia de suprimentos (SCM) é coordenar o fluxo de informações, dinheiro e materiais entre todos os componentes da cadeia. Adote um SCM compatível com a Internet, a fim de conseguir relações eficientes com os parceiros, reduzir custos e conquistar e manter clientes. A disputa entre comunidades empresariais, e não entre empresas, é que está mudando o perfil de muitas organizações.

ESTUDO DE CASO
Uma empresa de computação se dispôs a produzir computadores de alta qualidade, mas baratos, e entregá-los logo ao cliente final. Para isso, tinha que otimizar suas operações, criando um processo que integrasse a demanda da equipe de vendas com uma cadeia de suprimentos flexível. A empresa tornou-se uma das líderes na criação de soluções de SCM, oferecendo serviço rápido e eficiente de ponta a ponta. Percebeu que a exigência básica da cadeia de fornecimento era a capacidade de responder rapidamente às contínuas mudanças nas demandas do consumidor. A interface com o cliente pela Internet tornou-se crucial na obtenção de dados sobre a demanda em tempo real, enquanto permitia aos clientes personalizar pedidos on-line e verificar o seu andamento até a entrega do produto.

◀ OTIMIZAÇÃO OPERACIONAL
Neste exemplo, a empresa usou o gerenciamento da cadeia de suprimentos para integrar fornecedores num processo flexível e oferecer produtos individualizados, de qualidade, a preços razoáveis.

Remoção de Barreiras

Procure eliminar as barreiras à informação na cadeia de suprimentos. Isso exige o aperfeiçoamento de todo o processo, e não a abordagem tradicional para otimizar processos internos da empresa. Até há pouco tempo era quase impossível para uma empresa reunir informações suficientes para sincronizar toda a cadeia de suprimentos. Assim, às vezes a cadeia trazia perdas, como níveis incorretos de estoque. Implemente um SCM ligado à Internet para acabar com os bloqueios na informação entre você e os parceiros da cadeia de fornecimento.

88 Veja se sua cadeia de suprimentos prejudica o atendimento e busque soluções de SCM.

CADEIA DE SUPRIMENTOS INTEGRADA
Fornecedores, fabricantes, estoquistas, distribuidores e revendedores usam dados de SCM acessados pela Internet

O CLIENTE se beneficia dos resultados eficientes e tende a recompensá-lo com encomendas

▲ INTEGRAÇÃO TOTAL
Use SCM ligado à Internet para eliminar barreiras entre empresas, troque dados e modernize todos os processos.

Lembre-se

- Se sua cadeia de suprimentos não for integrada, isso pode prejudicar o serviço ao cliente e desordenar os níveis de estoque.
- Um sistema de SCM precisa estar ligado aos sistemas de ERP.
- Os sistemas de ERP compõem um banco de dados útil para os planejadores de SCM.

Planejar e Implementar o SCM

Planejamento e execução formam os dois elementos-chave do SCM. Em geral, estão pouco ligados em empresas que não têm SCM integrado. Aprimore esses elementos em colaboração com os parceiros da cadeia de suprimentos. O sistema deve eliminar a lacuna entre planejamento e execução e permitir ajustes contínuos nos processos que usam dados em tempo real.

Elementos de um Sistema de SCM

PLANEJAMENTO
- Previsão de demanda
- Atendimento
- Transporte
- Fabricação
- Cronograma

DADOS
As informações têm de estar disponíveis em tempo real para todos os parceiros da cadeia de fornecimento

EXECUÇÃO
- Gerência de produto
- Estoque
- Reabastecimento
- Distribuição
- Logística para contratempos

APROXIMAÇÃO COM OS FORNECEDORES

GARANTIA DE ATENDIMENTO

Atendimento eficiente significa cumprir promessas. Trabalhe com os parceiros da cadeia de suprimentos para fixar prazos corretos. Permita que os clientes tenham acesso à situação da entrega e mantenha-os informados do processo de atendimento.

89 O atendimento é prioritário na cadeia de suprimentos.

90 Estabeleça metas de atendimento e desempenho.

91 Procure superar as expectativas do cliente, sempre.

CUMPRIR PROMESSAS

Poucas coisas frustram mais o cliente do que uma falha no prazo de entrega de bens ou serviços. A capacidade de fazer promessas realistas na hora da compra é fundamental para o atendimento eficiente, embora elas só possam ser cumpridas se você tiver acesso a informações precisas, em tempo real. Veja se o sistema de SCM permite que você faça previsões corretas e atualizadas das demandas e calcule prazos pontuais de entrega. Garanta-se fazendo promessas com uma margem de segurança, caso ocorra algum problema.

MANTER OS CLIENTES INFORMADOS

Os clientes devem ter acesso aos detalhes de seus pedidos, verificar em que pé estão e confirmar a entrega por algum ponto de contato com sua empresa –depósito, site, central de compras etc. Isso significa que você deve ser capaz de oferecer a eles acesso a informações que talvez sejam vistas também por outras empresas na cadeia de suprimentos.

Cliente verifica detalhes da entrega na Internet

ACESSO À CLIENTELA ▶
No site, concentre os dados de todos os parceiros da cadeia de fornecimento e permita que o cliente tenha acesso fácil aos detalhes do pedido.

TRABALHO COM PARCEIROS

Trabalhe em colaboração com fornecedores e parceiros. Pense e atue como uma só empresa expandida, voltada para um método eficiente e específico de valorizar o cliente. Isso requer novos modos de pensar e habilidades nas áreas empresarial, interpessoal e de comunicação. Crie uma equipe de projeto, liderada por um executivo sênior, para gerir a reorganização e a integração da cadeia de suprimentos. A equipe, ao lado dos representantes dos parceiros, será responsável pela total integração dessa cadeia.

PASSO A PASSO

1. Alinhe os parceiros da cadeia com sua estratégia.
2. Garanta que os parceiros da cadeia de suprimentos voltem-se para os clientes.
3. Treine membros da equipe para tarefas interpessoais e parcerias de cooperação.

GERÊNCIA DE RELAÇÕES COM PARCEIROS

GERENTE
Encarregado de assegurar que sua equipe, os parceiros e os fornecedores trabalhem pelos mesmos objetivos e que as informações sejam partilhadas e acessadas em todos os níveis.

MEMBROS DA EQUIPE
Treine membros da equipe para fazer a ligação entre parceiros e reorganizar e automatizar a cadeia de suprimentos.

PARCEIROS
Trate seus parceiros como se fizessem parte da equipe da empresa. Trabalhe em conjunto e evite conflitos de interesses.

FORNECEDORES
Estimule a comunicação e tente não se comportar como "cliente". Aceite os fornecedores como extensão da empresa.

---

92 Use o e-mail para confirmar pedidos e fornecer detalhes aos clientes.

CERTO E ERRADO

✔ Forneça opções de horários convenientes para fazer a entrega.

✔ Preveja atrasos quando fizer promessas ao consumidor.

✘ Não obrigue os clientes a se dirigir a um site diferente.

✘ Não admita demora nem complicações no acesso ao site.

APROXIMAÇÃO COM OS FORNECEDORES

IMPLEMENTAÇÃO DE SISTEMAS DE SCM

O gerenciamento da cadeia de suprimentos (SCM) é básica para o sucesso do e-business. Com os parceiros, defina pontos, descubra soluções para os novos processos, examine casos empresariais e administre a transformação.

> **93** Opte apenas por aplicativos de SCM compatíveis com a Internet.

LEMBRE-SE

- Entenda bem a estratégia da empresa e o projeto de e-business antes de iniciar o planejamento de SCM.
- O projeto de e-business deve descrever como a cadeia de suprimentos atenderá o cliente.
- Procure parceiros preparados para adotar as práticas e a tecnologia do e-business.

PARA COMEÇAR

Opte pela fusão de funções na empresa e na cadeia de fornecimento, para ganhar eficiência. Aplicativos herdados talvez não se adaptem a outros sistemas. Veja onde deve substituir imediatamente os sistemas herdados ou assuma uma abordagem passo a passo. Lembre-se de que nenhuma empresa ou liderança isolada domina ou compreende de maneira completa todo o processo interempresarial que deverá ser modernizado.

PROCESSOS DA CADEIA DE SUPRIMENTOS

Estruture os processos da cadeia para refletir sua estratégia de e-business e o projeto da empresa. O projeto de e-business define as competências que você quer manter na empresa e os serviços que planeja terceirizar. Se terceirizar um elemento-chave, como a produção, para se concentrar em vendas e marketing, as exigências da cadeia de suprimentos serão bem diferentes.

▲ **PARA A INTEGRAÇÃO**
O bom gerente deve ser capaz de conduzir a mudança e trabalhar de modo construtivo com fornecedores e parceiros na identificação de pontos-chave.

(Tem habilidade interpessoal; Levanta questões minuciosas; Entende o quadro geral; Entende metas comuns; Respeita opiniões)

IMPLEMENTAÇÃO DE SISTEMAS DE SCM

SOLUÇÕES PARA O SCM

- **Crie uma equipe de projeto SCM e una-se aos parceiros**
- Comunique-se com a equipe e os parceiros e eduque-os
- Esclareça as metas de SCM e monitore o processo
- Identifique opções tecnológicas e prepare seu "business case"
- Implemente suas idéias e processos novos
- **Use o feedback para monitorar resultados e refinar suas ações**

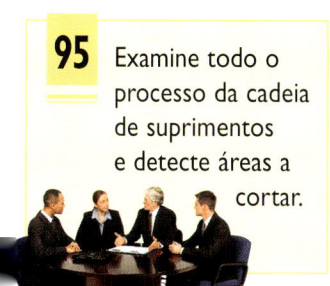

PROCESSOS MODERNIZADOS

O objetivo do plano de SCM é ligar os elos da cadeia de suprimentos e permitir que todos tenham acesso às informações de que precisam o mais perto possível do tempo real. Monitore sua cadeia de suprimentos para localizar atividades não-essenciais. Por exemplo: é mesmo necessária a constante permuta de pedidos de compra com os fornecedores? É possível fazer trocas diretas e mútuas de dados dos sistemas de SCM e ERP?

> **94** Descubra atividades duplicadas, repetitivas ou redundantes e tente eliminá-las.

PERGUNTE-SE

- P Identifiquei áreas em que os dados são reformulados desnecessariamente?
- P Identifiquei barreiras às informações?
- P Identifiquei onde poderia reduzir custos?
- P Compreendi por que alguns sistemas de SCM não funcionam?
- P Entendo por que o SCM tem de ser muito bem orientado?
- P Esclareci as possíveis recompensas da implantação do SCM?

> **95** Examine todo o processo da cadeia de suprimentos e detecte áreas a cortar.

CRIE UM "BUSINESS CASE"

Construa um "business case" para justificar o quase sempre substancial investimento em tecnologia. Aponte os benefícios estratégicos e de estrutura que sua solução trará. Na Internet há estudos de caso de empresas líderes que cedo adotaram um SCM compatível com a rede. Muitas delas obtiveram excelente retorno do investimento e melhoraram o serviço ao cliente; outras revelam possíveis armadilhas a serem evitadas.

APROXIMAÇÃO COM OS FORNECEDORES

BOA COMUNICAÇÃO

A integração da cadeia de suprimentos é uma tarefa de fôlego que, para dar certo, exige trabalho cooperativo de todos os parceiros.

A reorganização da cadeia de suprimentos afetará setores e departamentos de todas as empresas envolvidas. Podem ocorrer problemas se houver falhas na compreensão individual e no compromisso com a mudança. Comunique-se sempre com as partes atingidas pela mudança. Será preciso investir para esclarecer a equipe, os fornecedores e os parceiros quanto aos motivos e técnicas para otimizar os processos empresariais.

96 Planeje treinamentos contínuos.

97 Monitore os processos novos e avalie sempre o desempenho.

MÉTODOS DE COMUNICAÇÃO

É difícil garantir boa comunicação entre todas as partes da cadeia de suprimentos, especialmente se os parceiros estiverem distantes. Use a extranet de sua empresa como meio básico para assegurar informações constantemente atualizadas. Crie uma seção separada na sua extranet para permitir que membros da equipe falem de idéias ou questões que precisem de solução. Use atualizações regulares de e-mail para manter todos a par do desenvolvimento. A videoconferência on-line é um modo útil de reunir os participantes, sem precisar viajar.

ESTUDO DE CASO

Uma empresa nova no mercado de atendimento criou sistemas de infra-estrutura totalmente baseados na Internet. Como fornecedor business-to-business, decidiu gerir todas as comunicações através de sua extranet. A empresa distribuiu, via Internet, informações sobre pedidos e estoque, dados dos clientes e detalhes de embarques para seus parceiros e clientes, e também passou a fazer transferências de fundos eletronicamente. Como a organização negociava via Internet, sua localização física era irrelevante para clientes e parceiros. Ou seja, a empresa podia reduzir custos fixos alugando um imóvel barato, sem o risco de afugentar a clientela. A tecnologia da qual dependia era obtida por acordo de terceirização com um provedor, que fornecia sistemas completos de apoio a distância, via Internet.

◀ **NA INTERNET**
A natureza global da Internet, com velocidade e capacidade crescentes, provocou um tremendo efeito nas opções de negócios disponíveis. Até membros-chave da cadeia de suprimentos, como esta empresa especializada em atendimento, podem ser intimamente integrados no seu processo interno sem precisar estar perto de sua empresa.

Implementação de Sistemas de SCM

Lembre-se

- Objetivos e verbas devem se harmonizar com seus sistemas.
- Os sistemas de SCM precisam ser compatíveis com os de ERP, de relações com o cliente e de gerenciamento de vendas.
- Sistemas baseados na Web podem ser aperfeiçoados ou descartados quando necessário.

Escolha da Tecnologia

Veja se você, seus parceiros e fornecedores possuem a rede básica e as tecnologias de apoio, antes de implementar um sistema de SCM. Em caso positivo, escolha entre um sistema de SCM completo e uma coleção de aplicativos menores, integrados. Cada vez mais as empresas estão usando aplicativos compatíveis com a Web, modificando bancos de dados compartilhados para resolver questões como atendimento.

Utilização de Feedback

É comum a pessoa ficar tão focada no realinhamento da cadeia de suprimentos que se esquece do objetivo dela. Lembre-se de que as mudanças na cadeia de suprimentos têm como meta a satisfação do cliente. Elas são definidas pela proposta de valorização que a estratégia de e-business selecionou, e seu sucesso se mede pela amplitude com que ofereceu valor ao cliente. Seus clientes são a melhor fonte de dados sobre o desempenho do SCM. Colete e analise suas reações. Prepare-se para adaptar os processos em resposta ao feedback e às mudanças do ambiente.

Passo a Passo

1. Use seu site na Internet para monitorar as reações e o feedback da clientela.
2. Veja se seus sistemas de CRM e SCM podem dar retorno para aprimorar o processo.
3. Utilize o feedback para adaptar sistemas e processos, quando for necessário.

Reação ao Feedback do Cliente

Procure ativamente o retorno do cliente e saiba que isso é um ingrediente básico para aperfeiçoar o desempenho da cadeia de suprimentos. Sua clientela se sentirá valorizada se souber que suas opiniões são consideradas. Use frases como estas, para estimular o feedback:

Ouvir seus comentários sobre nosso desempenho nos ajuda a melhorar o serviço que lhe oferecemos.

Por favor, fale conosco se algum aspecto de nosso produto não satisfizer suas expectativas mais elevadas.

Como podemos mudar para garantir que suas necessidades sejam otimamente satisfeitas no futuro?

Como podemos atender sua reclamação para garantir que você fique plenamente satisfeito?

APROXIMAÇÃO COM OS FORNECEDORES

ECONOMIZE COM O E-PROCUREMENT

O termo *"procurement"* refere-se à compra dos bens e serviços necessários à empresa, como material de escritório e passagens. Aplicativos compatíveis com a Web permitem uma nova abordagem dessa tarefa e proporcionam benefícios.

98 Obtenha economia de custos com o "procurement" automatizado.

99 Dê acesso ao "procurement" on-line à equipe.

100 Integre o procurement ao back-office.

O QUE É "PROCUREMENT"?

Os termos "procurement" e "compra" às vezes são usados como sinônimos, mas a compra é só uma parcela do procurement. A compra cobre a parte de aquisição do processo, e o procurement envolve pesquisa, seleção, autorização e entrega. O procurement físico depende de uma série de formulários, que exigem tempo para preencher e processar. Adote o e-procurement e deixe a equipe com menos burocracia e mais tempo.

FUNCIONÁRIOS NO CONTROLE

Coloque procurement on-line em sua intranet empresarial e dê à equipe os benefícios do auto-serviço. Use aplicativos compatíveis com a Web para que os funcionários possam acessar catálogos de fornecedores pela própria Intranet. Se você tiver o controle da aprovação do fornecedor e dos catálogos on-line, saberá que os padrões corporativos de compras serão seguidos.

Funcionário acessa catálogo on-line

▲ **APROVAÇÃO AUTOMÁTICA**
Certifique-se de que o sistema de encomendas permite obter detalhes on-line e automatizar os sistemas de aprovação e de pedidos de compra.

Implementação de E-Procurement

Faça o setor de compras lidar com a implementação do e-procurement, para garantir que os controles sejam mantidos no sistema automatizado. Instale processos de trabalho que automatizem as tarefas de aprovação, de acordo com o nível dos funcionários. Os sistemas on-line permitem que se dê a cada colaborador um perfil de compra, que controla as mercadorias e as quantidades que ele está autorizado a comprar.

> **101** Concentre os sistemas de procurement na redução de despesas e do ciclo do pedido.

Benefícios do E-Procurement

- Automatiza tarefas repetitivas e que tomam tempo
- Os funcionários têm acesso a catálogos on-line dos fornecedores
- A equipe de compras tem tempo para negociar acordos melhores
- Os funcionários e a empresa se beneficiam do rendimento

Colhendo os Benefícios do E-Procurement

Beneficiários	Benefícios
Empresa	Consegue-se importante economia de custos a partir da maior eficiência nos processos de procurement e o consequente aumento da produtividade dos funcionários.
Funcionários	Os funcionários se beneficiam com a redução de tarefas repetitivas e o tempo maior para as questões que de fato interessam. Devem fazer opções adequadas e simplificadas.
Especialistas em Procurement	Recebem melhores informações de compras e ficam em sólida posição para fazer bons acordos com fornecedores. Controlam os fornecimentos com mais eficiência.
Fornecedores	Beneficiam-se de uma parceria leal com sua empresa e de sistemas mais eficientes de encomendas. Ganham, assim, uma vantagem em relação aos concorrentes.

Teste Suas Habilidades

Avalie sua aptidão para o e-business respondendo a estas questões. Marque a opção mais próxima de sua experiência. Seja o mais honesto possível: se sua resposta for "nunca", circule a opção 1, e assim por diante. Some os pontos e verifique o resultado na análise da página 69. Use suas respostas para identificar áreas do e-business nas quais você ainda pode se aprimorar.

Contagem

1 Nunca
2 Às vezes
3 Várias vezes
4 Sempre

1 Estou preparado para reavaliar minhas suposições sobre estratégias de negócios.

1 2 3 4

2 Penso em meios novos e mais eficientes de usar a tecnologia da informação.

1 2 3 4

3 Ajudo a equipe a se informar sobre as oportunidades do e-business.

1 2 3 4

4 Desenvolvo estratégias concentrando-me nas necessidades da clientela.

1 2 3 4

5 Procuro melhores formas de oferecer valor ao cliente do que a concorrência.

1 2 3 4

6 Monitoro de perto os sites na Web de concorrentes e suas novas ofertas.

1 2 3 4

TESTE SUAS HABILIDADES

7 Incentivo a equipe a sugerir e implementar aperfeiçoamentos.

1 2 3 4

8 Uso um método dinâmico de planejamento para ampliar o e-business.

1 2 3 4

9 Faço a equipe receber treinamento regular para enfrentar as mudanças.

1 2 3 4

10 Procuro meios de integrar funções separadas num processo contínuo.

1 2 3 4

11 Posso garantir que conhecemos e satisfazemos as expectativas da clientela.

1 2 3 4

12 Procuro modos de tornar mais eficiente a relação com o fornecedor.

1 2 3 4

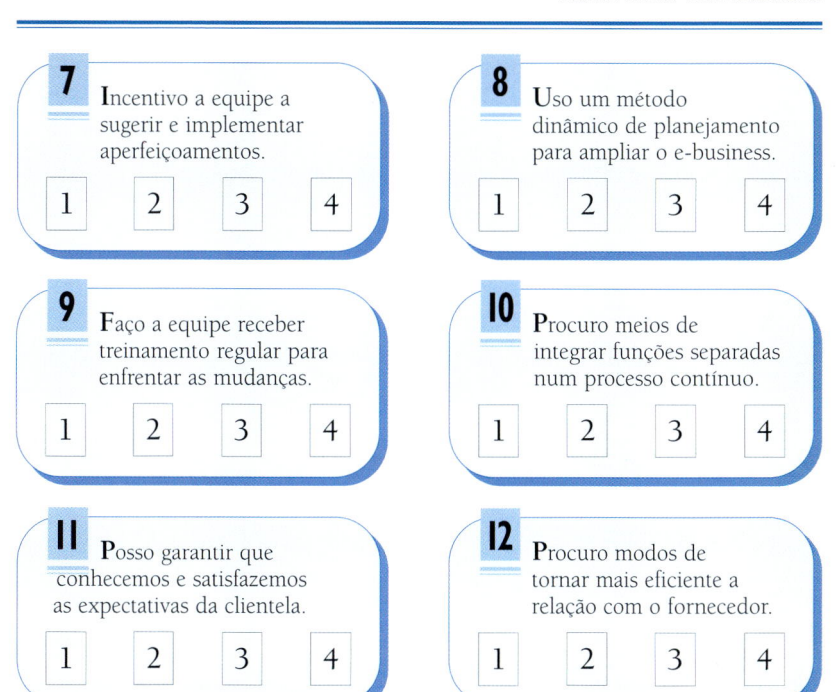

ANÁLISE DE RESULTADOS

Some os pontos e em seguida verifique seu desempenho. Seja qual for o resultado, lembre-se de que a tecnologia e as oportunidades de negócios que dela resultam modificam-se rapidamente, e você ainda pode acompanhar novas tendências. Identifique os pontos fracos e volte às seções deste livro que possam fornecer orientação e aconselhamento.

12–24: Suas habilidades em e-business são bem limitadas. Trabalhe para desenvolvê-las, beneficiando a si mesmo e à empresa.

25–36: Você tem uma boa noção de parte razoável do e-business. Analise os pontos fracos para melhorá-los.

37–48: Você tem uma boa compreensão do e-business. Procure manter-se constantemente atualizado.

ÍNDICE

A
auto-serviço 25

B
banco de dados
  atualização de 27
  integração de 27
  leis de proteção de 20-21
  para transformar a empresa atual 35
bônus de desempenho 17
brainstorming 28

C
cadeia de suplementos 56-59
carreira, desenvolvimento 17
catálogo de fornecedores 66
centrais de compras 45, 60
cliente
  auto-serviço 25
  demandas do 20
  escolha do 18-19
  feedback do 9, 65
  foco no 13, 18-27, 57
  gerenciamento das relações com o 44-45, 65
  integração com o 23
  manter o 9
  marketing direto 55
  privacidade do 20-21
  processo de atendimento ao 60
  reclamações de 24
  relação individual com 19
  segurança do 20, 21
  serviço ao 19, 22
  valorização do 22-25
começar um e-business 50-53
comparação para comprar 18-19
compra 66-67
comunicação, gerenciamento da cadeia de suplementos 64
comunidades empresariais eletrônicas (CEEs) 57
  criação de parcerias com 15, 52
  promoção da empresa por meio das 53
comunidades on-line 51, 55
concorrência 8
  em e-marketing 54
  monitoramento da 18
  pesquisa de mercado 50
condições flexíveis de trabalho 17
consultoria
  criando uma equipe de 34
  para projeto no site da Web 53
custos
  sistemas procurement 66-67

D
desenvolvimento estratégico 12-13, 14
diferenças culturais 9
  incentivos à equipe 17
  privacidade 20

E
e-business
  bases para o 14-15
  definição de 6-7
  desenvolvimento do 28-55
  desenvolvimento estratégico de 12-13
  e-marketing no 54-55
  migrar para 10-11
  para começar um 50-53
  para compreender 8-9
  planejamento para 32-33
  sistemas de back-office 38-39, 59
  sistemas integrados de TI 40-43
  transformação da empresa atual 34-37
e-commerce 6
  aprendendo com 26
  desenvolvimento do 10
e-mails 11, 41
  confirmação de pedidos por 61
  marketing direto por 55
equipes
  criação de 34
  fortalecimento das 14
  gerenciamento da cadeia de suprimentos (SCM) 61
  mudanças culturais 16
especialistas, terceirização de 15
Estados Unidos, diferenças culturais 9, 17
Europa, diferenças culturais 17
extranet 41, 64

F
feedback
  dos clientes 9, 65
  mudanças na cadeia de suprimentos (SCM) 65
  uso no planejamento 33
fornecedores 56-67
funcionários
  administração da mudança 30
  flexibilidade dos 16
  incentivos para 17
  integração de banco de dados 27
  sessões de brainstorming 28
  sistemas de procurement 66-67
  transformação da empresa atual 34-37
  treinamento 16-17, 31

G
gatilhos, ações planejadas 33
gerenciamento da cadeia de suprimentos (SCM) 58
  implementação 62-65
  processo de atendimento 60-61
  "procurement" 66-67
gerenciamento da força de vendas (SFM) 46-47
grupos de discussão 50

H
habilidades
  falta de 17
  na terceirização 48
  para começar um novo e-business 52

I
incentivos, manter a equipe 17
"infomediaries" 10, 51
informação
  sobre o produto 19
  segurança da 21
  sistemas de back-office 38-39
inglês, uso do 9

ÍNDICE

integração
  de dados 27
  de serviços 23, 24-25
  de sistemas de back-office 38-39
  de soluções de TI 40-43
Internet
  acesso da equipe à 31
  comparação para comprar 18-19
  compatibilidade 39, 42
  desenvolvimento de e-commerce 10
  gerenciamento da cadeia de suprimentos (SCM) 58-59, 64
  integrar soluções de TI 40
  pesquisa de e-business 50
intranet 53, 66

J
Japão, diferenças culturais 17
Java, programas baseados em 39

L
leis, proteção de dados 20-21
líderes na categoria 51
línguas 9
loja-dentro-da-loja 53

M
marca, marketing da 54
marketing 54-55
marketing direto 55
"mediadores" 42
metas empresariais, começar um novo e-business 52
modernização da cadeia de suprimentos 63
monitoração de concorrentes 18
mudança
  administração 28-31
  transformação da empresa atual 34-37

N
navegação da Web 39

O
opções por ações 17
oportunidades, reconhecer 9

P
parcerias
  comunidades empresariais eletrônicas (CEEs) 15, 52
  relações com 61
  terceirização 49
patrocínio on-line 55
personalização do cliente 23
pesquisa de novos e-business 50
planejamento 32-33
  gerenciamento da cadeia de suprimentos (SCM) 59
  transformação da empresa atual 37
planejamento analítico 32
planejamento dinâmico contínuo 33
planejamento pragmático 32
portais de indústrias 51
preços
  e-marketing 54
  escolha do cliente 18
previsão 32
prioridades para mudança 29
processo de atendimento 60-61
processos simplificados 36
procurement 66-67
produção terceirizada 48, 62
programas
  compatíveis com a Internet 39, 42
  "mediadores" 42
  sistemas de TI 40-43
propaganda
  on-line 55
provedores de serviços aplicativos (ASPs) 42
publicidade
  no mundo real 53

Q
quiosques 45, 60

R
reclamações, lidar com 24
redes
  criação de 42-43
  expansão de 42
  integração de 41
reuniões, com terceirizados 49
riscos, reconhecimento de 9

S
salarial, aumento 17
segurança 21
serviço ao cliente 19
sistemas comprados 42
  gerenciamento da cadeia de suprimentos (SCM) 65
sistemas de back-office 38-39, 59

sistemas de entrega 20
  processo de atendimento 60-61
sistemas de pedidos
  encomendas 66-67
sistemas de planejamento de recursos da empresa (ERP) 38-39, 59
sistemas de TI
  criação da equipe 34
  integração de 40-43
  sistemas internos 42
sites na Web 11
  atualização de 27
  comparação para compra em 18-19
  e-procurement 66
  formulários on-line 20
  monitoração das reações do cliente 65
  processo de atendimento 60
  projeto e apresentação 53, 55
  publicidade nos 53-54

T
tecnologia
  administração da mudança 30
  compatibilidade 39, 42
  condução da mudança 11, 15
  falta de capacidades 17
  integração de serviços 23, 24-25
  transformação da empresa atual 37
  treinamento da equipe 31
telefone celular WAP 45, 55
televendas 27
televisão interativa, iTV 45, 55
terceirização 15, 42, 48-49
  administração 49
  cadeia de suprimentos 62
  começar um e-business 52
  criação de parcerias 49
  simplificação de processos 36
  tecnologia 42
transações intermediárias 51
transferência de arquivo 40-41
treinamento da equipe 16-17, 31

V
valorização, propostas de e-marketing 54
  começar um e-business 51
vendedores 24-25, 27
videoconferência 64
visão empresarial 12, 14

AGRADECIMENTOS

AGRADECIMENTOS DO AUTOR

O autor gradece aos editores e ao pessoal de arte da Cactus e da Dorling Kindersley por seu entusiasmo e profissionalismo na produção deste livro. Também agradece à Cisco, à Sun e à Oracle pelas idéias e pelos estudos de caso. Gostaria igualmente de agradecer ao amigo Tim Burman, cujo barco, *Bolgen*, ofereceu o cenário perfeito para escrever, e cujo cachorro, Sam, me fazia levantar todos os dias!

AGRADECIMENTOS DA DORLING KINDERSLEY

A Dorling Kindersley gostaria de agradecer a estas pessoas por sua colaboração:

Editorial Daphne Richardson, Mark Wallace
Índice Hilary Bird; **Revisão** Polly Boyd; **Fotografia** Gary Ombler.

Modelos Roger André, Philip Argent, Clare Borg, Angela Cameron, Kuo Kang Chen, Russell Cosh, Roberto Costa, Felicity Crowe, Patrick Dobbs, Carole Evans, Vosjava Fahkro, John Gillard, Ben Glickman, Kate Hayward, Richard Hill, James Kearns, Janey Madlani, Zahid Malik, Frankie Mayers, Sotiris Melioumis, Karen Murray, Mutsumi Niwa, Kiran Shah, Lois Sharland, Lynne Staff, Suki Tan, Peter Taylor, Ann Winterborn, Gilbert Wu, Wendy Yun; **Maquiagem** Jane Hope-Kavanagh.

Pesquisa iconográfica Jamie Robinson; **Banco de imagens** Melanie Simmonds

CRÉDITOS DE FOTOS

A editora gostaria de agradecer às empresas abaixo pela permissão para reproduzir suas fotos:

Legenda: *a* acima; *c* centro; *e* embaixo; *es* esquerda; *d* direita; *al* alto
Allsport: Clive Mason 53*ald*;
Corbis UK Ltd: R W Jones 4;
Robert Harding Picture Library: 31*ad*;
Tony Stone Images: 10*ad*; Christopher Bissell 28*aes*;
Telegraph Colour Library: 46*ad*;
UPS: 22*ces*

Dados Internacionais de Catalogação na Publicação (CIP)
(Câmara Brasileira do Livro, SP, Brasil)

Sleight, Steve
  Como implantar o e-business / Steve Sleight ; [tradução Anna Quirino]. – São Paulo : Publifolha, 2001. – (Série sucesso profissional)

  Título original: Moving to e-business.
  ISBN 85-7402-273-X

  1. Comércio eletrônico. 2. Sucesso profissional I. Título. II. Série.

  01-0613   CDD-658.84

Índices para catálogo sistemático:
1. Comércio eletrônico : Administração   658.84